Katharina Festner
Christiane Raabe
Spaziergänge durch das München berühmter Frauen

Arche

Inhalt

München –
»Stadt der Gegensätze« 5

Erster Spaziergang
»Wer fühlte sich nicht
darin heimisch...«
Nymphenburg 7

Zweiter Spaziergang
»...wo Unsrer Frauen
Türme ragen«
Zwischen Marienplatz
und Frauenkirche 23

Dritter Spaziergang
»Stätten der Musen«
Zwischen Maximilianstraße
und Lenbachplatz 45

Vierter Spaziergang
»...im Blau der Isar«
Am Englischen Garten 75

Fünfter Spaziergang
»...verschwenderisch auch
im geistigen Sinne«
Bogenhausen 97

Sechster Spaziergang
»...ein Protest,
ein neuer Kult«
Schwabing 111

Siebter Spaziergang
»Dem Gefühl der Willkür
ausgesetzt...«
Rund um den Königsplatz 141

Benutzte Literatur 164
Bildnachweis 167
Danksagung 169
Biographische Notiz 169
Personenregister 170

Der Verlag bittet zu beachten:
Wegen der Vielfalt der beschriebenen
Orte sowie der geographischen Länge
einiger Spaziergänge geben einige
Ziffern in den sieben Lageskizzen nur
eine ungefähre Position wieder.

Vorderer Vorsatz:
Karlsplatz mit Karlstor, um 1905
Frontispiz: Empfangsraum
mit Jugendstil-Treppenaufgang
im Fotoatelier Elvira, 1925
Hinterer Vorsatz:
Marienplatz, um 1914

1. Auflage 1996
2. Auflage 1997
3. Auflage 2002
© 1996 by Arche Verlag AG,
Zürich-Hamburg
Alle Rechte vorbehalten
Layout: O & V Team
Gesamtherstellung:
W. Röck GmbH Druck + Medien, Weinsberg
Printed in Germany
ISBN 3-7160-2218-7

München – »Stadt der Gegensätze«

Wer an München und die Frauen denkt, mag die Klischeevorstellung der handfesten Schankkellnerin oder das nicht weniger stilisierte Bild der »schönen Münchnerin« im Sinn haben: »Hast du Glück, so begegnet dir eine der berühmten Frauen in Person, eine jener... schönen Damen von künstlich hergestelltem tizianischem Blond und im Brilliantenschmuck, deren betörenden Zügen durch die Hand eines genialen Porträtisten die Ewigkeit zuteil geworden ist, und von deren Liebesleben die Stadt spricht... ein wenig geschminkt, ein wenig gemalt, voll einer edlen Pikanterie, gefallsüchtig und anbetungswürdig«, heißt es bei Thomas Mann. Vielleicht fallen einem auch die Namen von Lola Montez und Franziska zu Reventlow ein, von Gabriele Münter und Annette Kolb oder von Sophie Scholl. Doch es gibt weitaus mehr Frauen, die den zwischen Kulturmetropole, Schwabinger Libertinage und konservativer Beharrlichkeit oszillierenden Ruf Münchens geprägt haben. Seien es die Nonnen oder Stiftsdamen, die Frauen am Hof, bedeutende Förderinnen der Künste, Schauspielerinnen und Musikerinnen, die ersten Studentinnen und Wissenschaftlerinnen an der Universität, die Künstlerinnen, die aus der Schwabinger Boheme nicht wegzudenken sind, oder die Frauenrechtlerinnen, die München Anfang des Jahrhunderts zu einem Zentrum der sich formierenden Frauenbewegung machten – sie alle haben zur Geschichte Münchens entscheidend beigetragen und ihre Spuren hinterlassen.

Einige dieser Frauen waren nur kurz in München, viele blieben länger, manche verbrachten hier ihr ganzes Leben. Denn »heiter, beschaulich, schönäugig, verträumt, ein wenig verspielt, im Blau der Isar und der südlichen Tönung seines Himmels versponnen« ließ es sich in München aushalten – so Annette Kolb. In der kunstoffenen Residenzstadt der Wittelsbacher mit ihrem ländlich-behaglichen Charakter hatte man schon immer viel Zeit und Lust zum Leben: »Eine ganz andere Welt, dergleichen ich noch nicht gesehen«, fand Caroline Schlegel-Schelling. Und schon immer gab es hier geistige Freiräume: Die verfolgte Ordensgründerin Maria Ward hatte sie im 17. Jahrhundert erlebt, und rund 300 Jahre später galt Frauenrechtlerinnen München als »geistig freieste, wenigstens vorurteilsfreieste Stadt«. Diese einzigartige Atmosphäre, dieser demokratische Lebensgeist machte München für viele Intellektuelle so anziehend. Frauen konnten hier, wo man auf herkömmliche Moralvorstellungen weniger gab, wo die erotische Rebellion das spießbürgerliche Weltbild erschütterte und die Frauenbewegung sich seit Ende des 19. Jahrhunderts sammelte, leichter ein selbstbestimmtes und emanzipiertes, manchmal chaotisches und oft ungewöhnliches Leben führen. Dieser langen Tradition der Liberalität setzten die dreißiger Jahre ein Ende.

Noch heute erinnert vieles an die »köstlich kleine Weltstadt« der Annette Kolb. Es ist eine Stadt geblieben, an der – so Ricarda Huch – »das Herz hängt und an der das Auge seine Lust hat«. Die Expressionistin Else Lasker-Schüler verglich München mit einer »Riesenkommode aus einem bayerischen Alpenknochen gehauen. Man kann so anständig kramen in München und ausruhen auf gepolsterten Erinnerungen.« Um die Erinnerungen an viele Frauen, die hier lebten, auch in Zukunft nicht verblassen zu lassen, haben wir Geschichten von Frauen »ausgekramt«. Sie stehen im Mittelpunkt von sieben Spaziergängen, die den Zeugnissen weiblicher Schicksale und Lebenswege nachspüren. Erzähltes von Frauen und Erzählungen über Frauen liegen unserem München-Porträt als Stadt berühmter Frauen zugrunde.

Am Anfang steht ein Spaziergang durch Nymphenburg mit dem Wittelsbacher Lustschloß und der bekannten Schönheitengalerie. Es folgen zwei Routen durch die Altstadt, auf denen das Leben von bürgerlichen, adeligen und frommen Frauen, von Schauspielerinnen, Politikerinnen und verfolgten Jüdinnen beschrieben wird. Schriftstellerinnen und Naturwissenschaftlerinnen, kunstsinnige und emanzipierte Frauen begegnen Ihnen auf dem Spaziergang durch das Lehel, den Gang durch Bogenhausen prägen Frauen aus dem Bildungs- und Großbürgertum. In Schwabing finden Sie nicht nur die Boheme, sondern auch Studentinnen der ersten Generation. Die letzte Route rund um den Königsplatz führt an den Wohn- und Wirkstätten von Malerinnen, Frauenrechtlerinnen, Literatinnen und Politikerinnen vorbei.

Diese Spaziergänge durch die Jahrhunderte erheben keinen Anspruch auf Vollständigkeit – zu viele politisch engagierte, künstlerisch wirkende und ideenreiche Frauen sind es, die zum Leben dieser Stadt gehörten. Auch die Festlegung der Routen machte eine Auswahl zwingend. Im Vordergrund steht die Beschreibung des literarischen, künstlerischen, intellektuellen und politischen Lebens des 19. und frühen 20. Jahrhunderts. Um Akzente zu setzen und ein lebendiges und abwechslungsreiches Bild von ihren Lebenswegen zu unterschiedlichen Zeiten zu vermitteln, werden auf den Spaziergängen einige Frauen ausführlicher porträtiert als andere.

Sie werden zwischen zwei und drei Stunden unterwegs sein. Anders als bei den Arche-Führern durch kleinere Städte hat die Großstadt vorgegeben, daß wir nicht immer Rundgänge wählen konnten. Doch werden Sie am Anfangs- und Endpunkt immer öffentliche Verkehrsmittel vorfinden.

Schloß Nymphenburg, Gemälde von Canaletto (Ausschnitt), 1761

Erster Spaziergang
»Wer fühlte sich nicht darin heimisch...« Nymphenburg

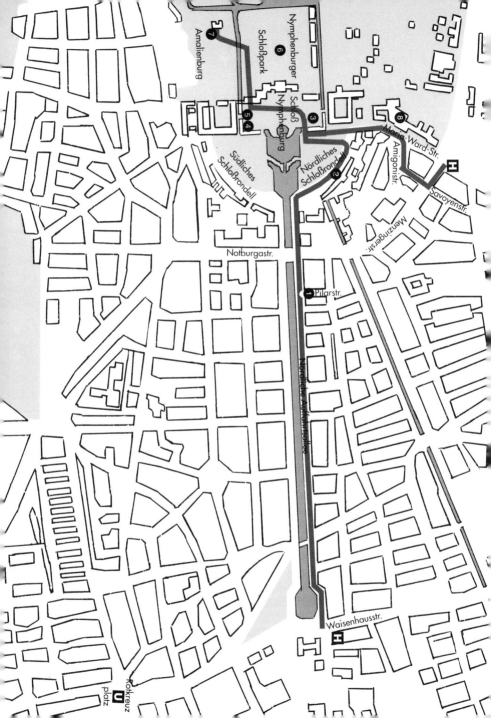

Der Spaziergang führt Sie zum Nymphenburger Schloß und durch den angrenzenden Schloßpark. Frauen, die durch ihre Schönheit München in Unruhe versetzten, werden Sie auf diesem Spaziergang ebenso kennenlernen wie eine Frau, die durch ihre Ideen in Konflikt mit der Obrigkeit geriet. Gleich zu Anfang wird Ihnen die berühmteste bayerische Schriftstellerin vorgestellt.

Der Spaziergang beginnt an der Nördlichen Auffahrtsallee. Wenn Sie mit öffentlichen Verkehrsmitteln kommen, nehmen Sie ab U-Bahnhof Rotkreuzplatz den Bus der Linie 83 oder 177 für zwei Stationen bis zur Haltestelle Waisenhausstraße, Ecke St.-Gallen-Straße. Sie befinden sich jetzt an der Nördlichen Auffahrtsallee, die schnurgerade zum Nymphenburger Schloß führt. In der Mitte fließt der Kanal. Sie gehen am rechten Ufer unter den Alleebäumen entlang auf das Schloß zu und können auf der rechten Seite die zum Teil herrschaftlichen Villen sehen. Kurz bevor Sie auf die große Notburgastraße stoßen, biegt rechts die kleine Pilarstraße ab. Im Haus Nr. 2 waren die

❶ **Wohnräume von Lena Christ Pilarstraße 2**
Zu Beginn des Ersten Weltkriegs wohnte die Schriftstellerin Lena Christ (1881-1920) mit ihrem zweiten Mann Peter Benedix in diesem Haus. Für die aus kleinen Verhältnissen stammende Lena Christ waren es die glücklichsten Jahre ihres Lebens.

Kurz vorher, 1912, war ihr autobiographischer Roman *Erinnerungen einer Überflüssigen* erschienen, den die bis dahin unbekannte Schriftstellerin innerhalb weniger Monate niedergeschrieben hatte. Er endet mit dem Satz: »Doch das Leben hielt mich fest und suchte mir zu zeigen, daß ich nicht das sei, wofür ich mich so oft gehalten, eine Überflüssige.«

Lena Christ wurde als uneheliche Tochter der Magdalena Pichler in dem bayerischen Dorf Glonn geboren. Während die Mutter sich in München als Kellnerin durchschlug, wuchs Lena bei ihrem geliebten Großvater auf. Ihre ersten Lebensjahre waren unbeschwert, doch bereits mit dem ersten Besuch der Mutter, die sie bis dahin nicht gesehen hatte, kündigte sich kommendes Unglück an. »Da trat eine große Frau in die niedere Stube in einem schwarz und weiß karierten Kleide«, heißt es in ihren Erinnerungen. »Sie stand da, sah mich kaum an, gab mir auch keine Hand und sagte nur ›Bist auch da‹.« Lena war von der lieblosen Behandlung durch die Mutter betroffen. Als ihr Großvater sie fragte, ob sie zur »Munkara Muatta« wolle, antwortete sie schnell: »Naa, naa!« Doch bald mußte sie zu ihr ziehen. Die Mutter hatte mittlerweile geheiratet, führte mit ihrem Mann eine Wirtschaft und wollte die Tochter bei sich haben.

Mit acht Jahren kam Lena Christ also nach München. Sie mußte für die Gastwirtschaft Botengänge erledigen, beim Putzen und Kochen helfen, vor und nach der Schule, oft ohne Essen, schwer arbeiten. Dank erntete sie dafür nicht. Vielmehr schämte sich die Mutter ihrer unehelichen Tochter, schimpfte über ihren bäurischen Dialekt und schlug sie brutal. »Geliebt hat mich meine Mutter nie«, schrieb sie später, »jetzt aber behandelte sie mich mit offenkundigem Haß. Jede, auch nur geringste Verfehlung wurde mit Prügeln und Hungerkuren bestraft, und es gab Tage, wo ich vor Schmerzen mich kaum rühren konnte.« Sie riß schließlich aus, kam aber nicht weit und wurde schwer krank. Noch nicht genesen, begannen die Mißhandlungen der Mutter erneut, bis eine Nachbarin das Kind aus Mitleid zum Großvater brachte. Nach einem Jahr holte die Mutter Lena zurück, und das Drama begann von vorn.

Um der Mutter zu entkommen, trat die 17jährige in ein schwäbisches Kloster ein, entschied sich aber nach einem Jahr, zur Mutter zurückzukehren. Die Präfektin gab ihr die Worte mit auf den Weg: »Magdalena, Magdalena, du bist verloren, du gehst zugrunde... Doch gehe in Frieden, mein Kind, falls die Welt noch einen für dich hat.«

Die Welt hatte keinen Frieden für Lena Christ. Nach weiteren Jahren der Schikane und nach einem Selbstmordversuch hoffte sie auf eine bessere Zukunft, als sie den Kaufmannssohn Anton Leix heiratete. Aber sie kam von einer Hölle in die andere. Am Hochzeitstag verstieß und verfluchte die Mutter sie mit den Worten: »Du sollst koa glückliche Stund habn... und jede guate Stund sollst mit zehn bittere büßen müaßen.« Anton

Lena Christ mit ihrem Sohn Anton, um 1904

Leix entpuppte sich als triebbesessener, tobsüchtiger Mensch, der sein Geld versoff und Lena brutal mißhandelte. Als er schwer betrunken seine hochschwangere Frau vergewaltigte, riß Lena mit den drei Kindern aus. Ohne Geld, von der Mutter des Hauses verwiesen, hauste sie erbärmlich und wurde schließlich lungenkrank in ein Krankenhaus eingewiesen, während die Kinder in Pflege kamen. Sie war auf dem Tiefpunkt ihres Lebens, fand aber die Kraft zu einem Neuanfang.

Der wenig begabte Schriftsteller Peter Jerusalem, später Benedix genannt, stellte sie als Sekretärin an. Als sie ihm ihr Leben berichtete, erkannte er sofort ihre erzählerische Begabung und ermutigte sie, das Erlebte aufzuschreiben. Lebendig und leicht, ergreifend und mit großer Eindringlichkeit schrieb Lena Christ ihre Erinnerungen. Die *Lausdirndlgeschichten* und Romane wie *Mathias Bichler* folgten, worin sie ihrem Großvater ein Denkmal setzte. Der Erfolg stellte sich bald ein, Ludwig Thoma machte ihre Bekanntschaft, und sie wurde an den Hof geladen.

Mit Benedix ging sie eine zweite Ehe ein, die jedoch unausgewogen blieb, da Lena Christ zunehmend zu einer Selbständigkeit im Schreiben fand, während Benedix weiterhin »ihr Schulmeister sein und bleiben« wollte. Als sie sich in einen jungen Musiker verliebte, kam es 1919 zur Trennung. Das selbstverdiente Geld zerrann ihr durch die Geldentwertung unter den Fingern. Innerhalb weniger Monate war sie vollkommen verarmt. Um etwas Geld für sich und ihre Töchter zu verdienen, setzte sie gefälschte Unterschriften bekannter Künstler unter wertlose Bilder. Die dilettantische Täuschung flog auf, und der Skandal erregte die Öffentlichkeit. Lena Christ fiel in tiefe Depressionen und sprach von Selbstmord. Benedix, mit dem sie sich wieder ausgesöhnt hatte, machte nicht den Versuch, die Schwermütige von dem Entschluß abzubringen, sondern besorgte ihr Zyankali. Am 30. Juni 1920 nahm sich Lena Christ auf dem Waldfriedhof das Leben, wo sie auch beigesetzt wurde.

Zurück auf der Auffahrtsallee, gehen Sie nun auf das Schloß zu. Dabei kommen Sie an einer Reihe im Halbkreis angeordneter Gebäude vorbei.

❷ **Das Nördliche Schloßrondell**
Es handelt sich um eine Erweiterung der Schloßanlage aus dem 18. Jahrhundert. Die Wittelsbacher nutzen noch heute einen Teil der Gebäude. Die malende Prinzessin Clara von Bayern unterhielt hier ebenso ein Atelier wie die 1987 verstorbene Prinzessin Maria del Pilar, Enkelin des spanischen Königs und Tochter der Pazifistin Maria de la Paz. Während die erste zum Chiemseer Künstlerkreis gehörte, malte die andere impressionistisch beeinflußte Bilder. Ihre Malerei war keineswegs nur »königlicher« Zeitvertreib, sondern beide betrieben diese Kunst professionell und beteiligten sich an Ausstellungen.

Vor Ihnen liegt nun das

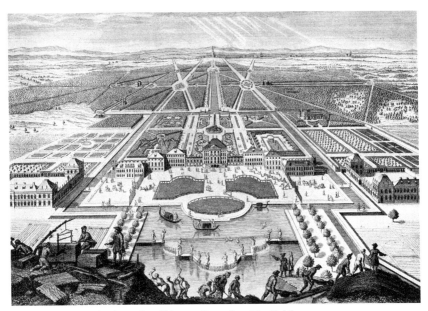

Nymphenburg. Nach einem Gemälde von Franz Joachim Beich, um 1725

❸ Schloß Nymphenburg

Den Baugrund erhielt die Kurfürstin Henriette Adelaide von Savoyen (1636-1676) 1662 als Wochenbett-Geschenk (vgl. S. 62 ff.). Mit Begeisterung entwickelte sie Vorstellungen von einem Lustschloß nach Art eines italienischen Palazzo Reale. Mit den Entwürfen, die sie zunächst aus Italien bekam, war sie jedoch nicht zufrieden, und schließlich wurde das Projekt dem in München arbeitenden Agostino Barelli übergeben. 1675 war der Bau mittlerweile so weit vorangeschritten, daß die Innenausstattung in Angriff genommen wurde. Die Kurfürstin gewann den Venezianer Antonio Zanchi für die Gestaltung der Deckengemälde, die zu den bedeutendsten Fresken Münchens zählen.

Durch den Tod Adelaides von Savoyen kam das Bauvorhaben ins Stocken. Erst ihr Sohn Max Emanuel baute Nymphenburg großzügig aus.
In den Räumen des Schlosses befindet sich im linken Flügel (Raum 15) die

❹ Schönheitengalerie König Ludwigs I.

Diese Sammlung von 36 Frauengemälden entstand zwischen 1823 und 1850. König Ludwig I. hatte die Bilder bei dem Hofmaler Joseph Stieler in Auftrag gegeben. Hier wird in auserlesener Weise vorgestellt, was unter der »schönen Münchnerin« zu verstehen ist.

»Das ist ein Blut und Fleisch und Bein!« berichtete die Romantikerin

Caroline Schlegel-Schelling 1803 einer Freundin. »Die Mädchen wunderschön, goldene Mützen, vortrefflichen Haarwuchs... das Brusttuch geschnürt, offene Busen und welche! Die Bauernweiber mit Pelzkappen und steifen breiten Corsetten wie Panzer, in denen sie stecken!« Die etwas derbe, ungekünstelte Schönheit faszinierte die Besucher aus der Ferne, vornehmlich die Männer. Ihnen erschien die Münchnerin, vor allem wenn sie aus einfachen Schichten kam, als ein Gegenstück der Natur zur Raffinesse und Extravaganz der Pariserin. Ein schlichtes, lebensfrohes Gemüt wurde ihr nachgesagt, sie sei unbefangen und erfrischend offen. »...in seiner harmlosen Lebensfreude und seiner jubelnden Heiterkeit (stellt es) einen ganz spezifischen Typ dar...«, schrieb die Schriftstellerin Carry Brachvogel. »Das Münchner Mädel hat in erster und letzter Linie immer nur den Wunsch, sich zu amüsieren, gleichviel, ob das Amüsement teuer oder ruppig ist. Das lacht und tollt mit dem Liebsten durch die Tage hin... Du lieber Gott, das Leben ist so kurz und so süß und das bissl Jugend so schnell vorbei! Kann's der Schorschel nicht mehr sein, so versucht man's mit dem Franz; aber nur leben, leben und genießen...«

Hebbel, einer der größten Bewunderer der Münchner Frauen, fand es »reizend«, daß sie ebenso sinnlich wie katholisch waren. Sie seien »schön wie die neuen marmornen Bauten der

Schönheitengalerie König Ludwigs I. mit Bildern von Joseph Stieler

Katharina Botzaris, 1841

ler rufen, wenn er einer jungen hübschen Frau begegnet war. Als er die 19jährige Schauspielerin Charlotte von Hagn 1828 als Thekla in *Wallensteins* Tod sah, war er von ihrem Reiz so angetan, daß er sich wie ein eifersüchtiger Liebhaber gebärdete, als Charlotte fünf Jahre später München verließ. Sie ist ebenso verewigt wie die Tochter eines griechischen Freiheitshelden, Katharina Botzaris, die Stieler in griechischer Nationaltracht mit dunklen Mandelaugen malte. Die 18jährige Helene Sedlmayr, die in einem Spielzeugladen in der Briennerstraße arbeitete, sah Ludwig zufällig und ließ sie sofort porträtieren. Der

Helene Sedlmayr, 1831

Stadt«. Allerdings brenne »hinter den steinernen Mauern... die Flamme der heißesten Liebesfreude. Auch die vornehmsten der schönen Münchnerinnen besäßen heiße Herzen.«

Über die Sammlung König Ludwigs I. meinte der Kulturhistoriker Jacob Burckhardt: »...es war an sich ein königlicher Gedanke, und nur ein König konnte ihn ausführen. Dem reichsten Privatmann zu Gefallen hätte man nicht die Erzherzogin wie die Schusterstochter gleichmäßig bewegen können, zum Malen zu sitzen, damit eine vom Stand unabhängige Konkurrenz der Schönheit entstehe.« Der von weiblicher Schönheit schnell begeisterte König ließ jedesmal Joseph Stie-

Umsatz des Spielzeugladens stieg sprunghaft an.

In der Schönheitengalerie finden Sie auch das

❺ **Bild der Lola Montez**
Das Porträt Stielers, der wie viele Münchner gegen die Montez aufgebracht war, fand nicht den Beifall des Monarchen. Die Gräfin Josephine zu Leiningen-Westerburg berichtet, daß sich »der Künstler... sagen lassen (mußte): ›Stieler, Ihr Pinsel wird alt!‹ Stumm nahm der Künstler das Bild und ging. Nach vierzehn Tagen brachte er es wieder, ohne einen Strich daran verbessert zu haben... ›Jetzt ist es schön, Stieler!‹, lobte der König, worauf der Maler trocken antwortete: ›Für einen alten Pinsel ist es wenigstens schön genug.‹«
Lola Montez (ca. 1820-1861), die sich selbst als spanische Tänzerin ausgab, in Wirklichkeit jedoch irischer Abstammung war, hatte schon zahlreiche Skandale und stürmische Affären hinter sich, als sie am 5. Oktober 1846 nach München kam. Die 26jährige hatte zwar keine Papiere, aber bereits zwei Tage später eine Privataudienz bei Ludwig I. Angeblich soll der König gleich beim ersten Zusammentreffen gefragt haben, ob denn, was das Mieder verhülle, auch echt sei, woraufhin Lola Montez kurzerhand ihr Mieder aufschlitzte. Der 60jährige war Feuer und Flamme, einem Freund schrieb er: »Ich kann mich mit dem Vesuv vergleichen, der für erloschen galt, bis er plötzlich wieder ausbrach... wie ein Jüngling von zwanzig, ja, comme un

Lola Montez, 1847

amoureux de quinze faßte mich Leidenschaft wie nie zuvor. Eßlust und Schlaf verlor ich zum Teil, fiebrig heiß wallte mein Blut.«
Die Schönheit und Ausstrahlung der Montez waren so groß, daß Luise von Kobell meinte, so »müßten die Feen in den Märchen gewesen sein«. Bei ihrem ersten Münchner Auftritt trug sie spanische Nationaltracht »mit Spitze und Seide angetan, da und dort schimmerte ein Diamant«. Bald las Ludwig mit ihr klassische Werke der spanischen Literatur und finanzierte ihre kostspieligen Wünsche. Sie erhielt ein Palais in der Barerstraße und fuhr gern in einer Equipage im »blauen Samtmantel mit Hermelin« die Lud-

wigstraße entlang. Die Bayern waren Lola Montez zu ungehobelt, was sie nicht hinderte, ihrerseits freizügig Ohrfeigen an Untergebene auszuteilen. Beschwerden über sie fruchteten beim heillos verliebten König nichts: Um sie in den Adelsstand erheben zu können, nahm er sogar den Rücktritt seines Kabinetts in Kauf. Spätestens jetzt glaubte Bayern »sich von einer Fremden, deren Ruf in der öffentlichen Meinung gebrandmarkt ist, regiert«.

Der Rücktritt der Minister sorgte für Aufsehen. Kleriker vermuteten, Lola Montez sei eine Agentin der Freimaurer, empörte Studenten versammelten sich vor ihrem Logis, ein Volkstumult entstand, die Schweren Reiter drängten schließlich die aufgebrachte Menge auseinander.

Die Montez nutzte ihren Einfluß, um ihr genehme Politiker zu protegieren und mißliebige zu stürzen. Geschickt streute sie in »mit vielen Küssen an deinen geliebten Mund« gewürzte Briefe Personalpolitisches ein. Sie umgab sich mit einer Art Leibgarde, jungen Studenten, die sich zur Verbindung Alemannia, spöttisch auch Lolamannen genannt, zusammenschlossen. Ihre roten Mützen waren angeblich aus Unterröcken der Montez genäht, und zumindest einer der Studenten war »bis über die Ohren« in sie verliebt. Und der Monarch stand nach wie vor in ihrem erotischen Bann: »...ein Wiedersehen mit Dir wird ein Delirium für Deinen treuen Ludwig sein«, schrieb er ihr und dichtete: »In dem Süden ist die Liebe, / Da ist Licht und da ist Glut, / Und im stürmischen Getriebe / Strömet der Gefühle Flut.«

Lola Montez flieht aus ihrem Palais in der Barerstraße, 1848

Bei diesen Gefühlsströmen nimmt es nicht wunder, daß Ludwig sich mehr als freigebig erwies. Das Volk war über die Prachtentfaltung der Montez empört, mehr aber noch über ihr anmaßendes und intrigantes Gebaren. General von Heideck lehnte den gesellschaftlichen Verkehr mit der Dame unter Hinweis auf »die ungezähmten Ausbrüche ihres Temperaments« und ihr kompromittierendes Verhalten ab. Gehässige Flugblätter wie das Lola-Montez-Vaterunser sprachen recht ungeniert von der »Metze« und dem »Teufel ohne Hörner und Schweif«, von »totschlagen« und der »Gewalt der Pflastersteine«.

Bei einem durch einen Alemannen provozierten Zwischenfall im Februar 1848 konnte Lola Montez sich gerade noch vor der aufgebrachten Menge in die Theatinerkirche flüchten. Ludwig ließ daraufhin die Universität bis zum kommenden Wintersemester schließen, alle nicht aus München stammenden Studenten sollten innerhalb von 48 Stunden die Stadt verlassen. Bürger und Studenten protestierten, der König aber blieb stur. Die vormärzlich revolutionäre Stimmung war am Kochen, Steine flogen, Militär sicherte das Palais der Montez. Diese zeigte sich keck der Menge und konnte gerade noch mit einer Kutsche in Sicherheit gebracht werden. Ludwig willigte widerstrebend ein, die Universität wieder zu öffnen und die Montez auszuweisen. Einen Monat später dankte er ab.

Seiner Lola aber sandte er innige Liebesbriefe nach und hoffte auf »Wiedervereinigung«, während sie wie immer Geld forderte, was ihn verdroß, hatte er doch bereits 158 000 Gulden für sie ausgegeben. Doch Lola lockte: »...es gefällt mir, wenn ich daran denke, daß mein geliebter Ludwig mit seiner Lolitta schlafen will.« Als Ludwig vor ihrer offenkundigen Untreue die Augen nicht länger verschließen konnte, kühlte das Verhältnis allmählich ab. Die Montez aber setzte ihr ruheloses und skandalumwittertes Leben fort. Mit 40 Jahren starb sie in New York.

Der Weg führt jetzt in den

❻ Nymphenburger Schloßpark

Die Schloßanlage ist streng symmetrisch ausgerichtet. Der Kanal, an dem Sie entlanggekommen sind, setzt sich auf der Rückseite des Schlosses in dem wunderschönen Park fort. In diesem Garten konnten die Wittelsbacher die Festkultur des Rokoko voll entfalten. Hochzeiten wurden aufwendig mit raffinierter Illuminierung des Gartens und Feuerwerken gefeiert. »Es ist so hell gewesen, daß man hätte meinen können, es scheinte die Sonne«, erinnerte sich ein Gast, der 1722 zur Hochzeit Kurprinz Karl Albrechts mit der österreichischen Kaisertochter Marie Amalie geladen war. Groß inszeniert war auch der 29. Geburtstag der Kurfürstin Karoline 1805: Auf einem Schiff fuhr sie den Kanal entlang, versteckt spielte ein Orchester sanfte Hirtenmelodien.

Der Gang durch den Park führt Sie an verschiedenen Lustschlößchen vorbei, zum Beispiel an der Pagodenburg, in der Tee und Kaffee getrunken wurde, oder der Badenburg, die als türkisches Bad diente. Schilder weisen Ihnen den Weg. Das schönste unter den Lustschlößchen im Nymphenburger Park ist die von Cuvilliés erbaute

❼ Amalienburg
Die Amalienburg war das Jagdschloß der Kurfürstin Marie Amalie (1701-1756), einer leidenschaftlichen Jägerin, die im Nymphenburger Park Fa-

Jagdschloß Amalienburg, erbaut 1734/39

sanen und anderes Wild jagte. Bereits bei ihrer Hochzeit 1722 durfte die Jagd nicht fehlen, an der die junge Kurfürstin vier Eber, mehrere Rehe und Fasanen schoß. Große Zeremoni-

Kurfürstin Marie Amalie im Jagdkostüm. Gemälde von George Desmarées

en begleiteten die Jagden. Zur Hubertusjagd im November 1722 erschienen die Prinzessinnen als Amazonen in Blau und Silber gekleidet. Bemerkenswert an der Amalienburg sind die architektonische Geschlossenheit und das Ostportal mit der liegenden Jagdgöttin Diana.

Sie verlassen den Park durch den Haupteingang beim Schloß, wenden sich nach links und gehen zur Maria-Ward-Straße. Diese trägt ihren Namen nach der dortigen, links hinter einer Mauer gelegenen

❽ Niederlassung der Englischen Fräulein
Maria-Ward-Straße 5

Die Wittelsbacher holten das von Maria Ward (1585-1645) gegründete Institut der Englischen Fräulein 1835 nach Nymphenburg, nachdem deren Niederlassung in der Altstadt während der Säkularisation aufgelöst worden war. In Nymphenburg hatte von 1835-1929 das Generalat seinen Sitz. Die Schwestern unterhalten heute noch mehrere Schulen, ein Tagesheim und ein Internat.

Die Gründerin der Kongregation war ein streitbares Fräulein aus England: »Es besteht kein derartiger Unterschied zwischen Männern und Frauen, als ob letztere nicht Großes leisten könnten... Und ich hoffe zu Gott, daß man auch in Zukunft Frauen Großes vollbringen sehen wird.« Wenn eine Frau im 17. Jahrhundert so spricht, ist es kein Wunder, daß der Bischof von Canterbury fand, sie sei schlimmer als sechs Jesuiten.

Maria Ward entstammte einer katholischen Landadelsfamilie und wuchs seit ihrem fünften Lebensjahr bei Verwandten auf. Zunächst kam sie zu ihrer Großmutter Ursula Wright, die 14 Jahre inhaftiert gewesen war, da sie sich geweigert hatte, an anglikanischen Gottesdiensten teilzunehmen. Die Loslösung der englischen Kirche von Rom hatte Heinrich VIII. betrieben, 1534 erkannte das Parlament ihn als Oberhaupt der anglikanischen Staatskirche an. Wer sich wie die Verwandten Maria Wards offen zum Katholizismus bekannte, mußte bereit sein, sich für seinen Glauben einzusetzen und sogar ins Gefängnis zu gehen. Schon früh lernte Maria Ward also nicht nur tiefe Religiosität kennen, sondern auch, für ihre Überzeugungen zu kämpfen.

Da Maria Ward Nonne werden wollte, mußte sie England verlassen. Sie trat zunächst in ein flandrisches Klarissenkloster ein, beschloß jedoch schon bald, in St. Omer ein eigenes Institut zu gründen. Auslöser dafür war eine Offenbarung: Sie glaubte, Gottes Stimme zu hören, die sie anwies, eine Ordensgemeinschaft nach der Regel der Jesuiten zu stiften. Das bedeutete kein verborgenes Leben hinter Klostermauern, sondern ein Institut ohne Klausur. Als zentrale Aufgabe begriff sie die Erziehung und den Unterricht von Mädchen. Sie schickte einen Entwurf mit ihren Vorstellungen zum Ordensleben an Papst Paul V., der ihn wohlwollend aufnahm. In Lüttich, Köln und Trier entstanden Zweigniederlassungen der Englischen Fräulein, wie sie nach ihrer Herkunft genannt wurden, doch die päpstliche Anerkennung ließ auf sich warten. So machte Maria Ward sich 1621 mit einigen Mitschwestern selbst auf den Weg zum Heiligen Vater. Da englische Kleriker in Rom Verleumdungen über sie in Umlauf setzten, versuchte sie, durch praktische Arbeit zu überzeugen, und gründete in Rom eine Schule, später Niederlassungen in Neapel und Perugia. Nach einer Audienz setzte sie ihre Hoffnungen auf Papst Urban VIII., doch dieser ordnete ein Jahr später die Schließung ihrer italienischen Schulen an.

Maria Ward verließ Italien und kam

Maria Ward auf Pilgerreise nach Rom,
um 1621

1627 nach München, wo sie der fromme Kurfürst Maximilian I. herzlich empfing. Maximilian stellte den Englischen Fräulein das zwischen Wein- und Dienerstraße gelegene Paradeiserhaus zur Verfügung und unterstützte sie jährlich mit 2000 Gulden. Ihre Schülerinnen unterrichteten die Englischen Fräulein nicht nur im Katechismus, sondern brachten ihnen auch Lesen, Schreiben, Rechnen, Handarbeit und Fremdsprachen wie Latein, Italienisch oder Französisch bei.

Nach abermaligen Denunziationen ordnete der Papst 1628 die Aufhebung aller Häuser an. Im Jahr darauf machte sich die körperlich geschwächte Maria Ward noch einmal auf den Weg nach Rom, doch konnte sie dort nichts bewegen. Zurück in München, mußte sie die Schließung mehrerer Schulen erleben und wurde kurz darauf der Häresie verdächtigt und als Rebellin gegen den Heiligen Stuhl gefangengenommen. Ihre Gefängniszelle im Klarissenkloster am Anger beschreibt sie in ihren Limonenbriefen – die Schrift wurde nur über einer Kerzenflamme sichtbar – als kleines Zimmer, »hart über der Gruft, wo sie ihre Toten begraben«. Nach schwerer Krankheit kam Maria Ward neun Wochen später wieder frei und durfte ins Paradeiserhaus zurückkehren.

Auch eine dritte Romreise konnte an der päpstlichen Bulle nichts ändern. Doch gestattete Kurfürst Maximilian den Englischen Fräulein 1635, den Unterricht in München wiederaufzunehmen, da dies laut Bulle nicht verboten war. Die Anerkennung ihres Lebenswerks erlebte Maria Ward, die 1645 in England starb, nicht mehr. Die Regeln wurden erst 1703 bestätigt. Bis 1909 durfte Maria Ward als Stifterin nicht genannt werden, und die Konstitution des Ignatius von Loyola wurde den Englischen Fräulein erst 1978 zuerkannt.

Rechts über die Amigonistraße und Savoyenstraße gelangen Sie zur vielbefahrenen Menzingerstraße. Hier finden Sie gleich links auf einem Mittelstreifen eine Straßenbahnhaltestelle, von der aus Sie zum Rotkreuzplatz zurückfahren können.

Marienplatz mit Mariensäule und den Türmen der Frauenkirche im Hintergrund, um 1865

Zweiter Spaziergang
»...wo Unsrer Frauen Türme ragen«
Zwischen Marienplatz und Frauenkirche

Der Spaziergang beginnt und endet am Marienplatz (U-Bahn-Ausgang Weinstraße am Rathaus), Zentrum und Schauplatz bedeutender geschichtlicher Ereignisse des Mittelalters und der Frühen Neuzeit. Er führt durch den ältesten Teil der Stadt, über Märkte, Geschäfts- und Seitenstraßen, an Kirchen vorbei, und macht Sie mit frommen, verfolgten, gebildeten und unternehmerischen Frauen sowie der Münchner Fest- und Faschingskultur bekannt.

❶ Marienplatz

Der Marienplatz ist mit seinen Cafés, Geschäften und dem neugotischen Rathaus tagsüber ein sehr belebter und beliebter Ort. Gerne werden Verabredungen an der hoch aufragenden Mariensäule getroffen, die mitten auf dem Platz steht. Sie wird von einer Marienfigur, der Schutzpatronin der Stadt, gekrönt. Maximilian I. hatte sie 1638 als Dank für den Abzug der Schweden und das Ende der Pest errichten lassen.

Seither glauben die Münchner, daß die Mariensäule die Stadt und ihre Bürger schütze, so auch Anfang des 19. Jahrhunderts Adelheid aus Rottal, die Beterin an der Mariensäule. Sie hatte sich in den Soldaten Martin Fellner verliebt, von ihm ein uneheliches Kind bekommen, verlor aber beide, den Geliebten und das Kind, in den Wirren der Napoleonischen Kriege. Verzweifelt betete sie jahrelang an der Mariensäule um ein Wunder, das aber nicht eintrat. König Ludwig I. nahm sich schließlich ihrer an und brachte sie im Josephspital unter, wo sie 1854 starb.

Seit dem Mittelalter fanden auf dem Marienplatz Turniere, Kaiserempfänge, Zunftfeste sowie Fürstenhochzeiten statt. Eine der spektakulärsten war 1568 die Hochzeit Renatas von Lothringen mit Herzog Wilhelm V. Die Braut zog mit 321 Begleitern und 446 Pferden in München ein, zwei Wochen lang feierte die Hochzeitsgesellschaft überschwenglich mit Maskenbällen, Tänzen, Theateraufführungen und üppigen Gelagen. Am Abend kam nicht nur Musik von dem Hofkomponisten Orlando di Lasso zur Aufführung, sondern es wurden auch Stücke der beiden Komponistinnen Magdalena Mezzani und Katharina Willert gespielt. An die Hochzeit erinnert noch heute die Hauptfigurengruppe des bekannten Glockenspiels im Rathaus.

Gelegentlich war der Marienplatz auch Bühne dramatischer Ereignisse. Zwischen 1397 und 1403 erschütterten beispielsweise Unruhen zwischen den Zünften und dem Rat die Stadt. Zahlreiche Ratsmitglieder und ihre Frauen, so Karline Ligsalz, wurden vertrieben, andere auf dem Marienplatz hingerichtet. Wichtigste Quelle für diese ereignisreichen Münchner Jahre ist der Bericht des Bürgermeisters Jörg Kazmair, der während der Aufstände eine Chronik führte. Die Stadtgeschichtsschreibung verdankt die Überlieferung dieses *Revolutionstagebuchs* Anna Reitmor, der Tochter eines Rat- und Hofsekretärs, die die Blätter 1563 am Rindermarkt fand, »an ainem unzimlichen verworfen

Reiterkämpfe während der Hochzeit Renatas von Lothringen mit Herzog Wilhelm V. auf dem Marienplatz, 1568

orth«, wie sie selbst berichtet. Sie schrieb die Aufzeichnungen ab und versah sie mit einer Vorbemerkung. Sie ist die erste bürgerliche Frau, nach der in München 1898 eine Straße benannt wurde.

An der westlichen Häuserzeile, im Haus Nr. 2, befand sich die

❷ **Wohnung von Anna Maria und Ludwig Derleth**
Marienplatz 2

Im 4. und 5. Stock hatten der Schriftsteller Ludwig Derleth und seine schöne Schwester Anna Maria, beide dem Stefan-George-Kreis zugehörig, seit 1905 eine ausgefallene Wohnung ein-

gerichtet. »Dionysische Behaglichkeit« empfand hier die eingeschworene Gemeinde der Kosmiker, die sich gegen Rationalismus wandte, an die Kraft der Mythen und an eine kosmische Wiedergeburt glaubte. Die Schweizer Schriftstellerin und Rilke-Freundin Regina Ullmann berichtet ausführlich über die »horstähnliche Behausung«, die aus dem »Geistesleben Münchens... nicht wegzudenken (war). Und ebenso nicht... Anna, die auf einem kleinen Petrolherd... ihren Freunden ein feierliches Mahl zu bereiten und in einem der schmalen Zimmer, die auf den Marienplatz hin-

Marienplatz 2: Wohnung von Anna Maria Derleth und Ludwig Derleth

Die Geschwister Derleth, um 1900

ausgingen, auf Zinntellern aufzutragen wußte, im Glanz von Wachskerzen...« Während sich »unten in der Tiefe des Marienplatzes... der große Verkehr (bewegte)«, war man »im Reich von droben« für sich; »man war dem Licht, dem Himmel näher«, schreibt Derleths spätere Frau Christine.

An der Ecke zur Rosenstraße, an der heute ein modernes Kaufhaus steht, lag das alte Pilgramhaus:

❸ Logis von Bettina Brentano (ehemals Rosenstraße 11)

Im Herbst 1808 traf die 23jährige Bettina Brentano (1785-1859) in München ein und erregte in kürzester Zeit »staunende Bewunderung«. Das Gerücht, sie bringe die Münchner Gesellschaft durcheinander, drang bald über die Landesgrenzen. »Wir hören Wunderdinge von Bettina, wie sie in München Epoche macht«, schrieb ihre Schwester Meline aus Frankfurt. Und Wilhelm von Humboldt berichtete seiner Frau von einem kurzen Münchenaufenthalt: »Eine junge Brentano, Bettina... hat mich hier in das größte Erstaunen versetzt. Solche Lebhaftigkeit, solche Gedanken- und Körpersprünge..., so viel Geist und so viel Narrheit ist unerhört«, während Caroline Schlegel-Schelling einer Freundin anvertraute: »Es ist ein wunderliches kleines Wesen, eine wahre Bettina... an körperlicher Schmieg- und Biegsamkeit, innerlich anständig, aber äußerlich ganz töricht... Unter dem Tisch ist sie öfter zu finden wie drauf, auf dem Stuhl niemals.«

Bettina selbst gestand: »Ich war so freiheitsbedürftig wie des Athems, keine Erziehung wollte an mir gedeihen...« Das bekam vor allem der Hofkapellmeister Peter von Winter zu spüren, bei dem Bettina Gesangsunterricht nahm. »Wenn er kam«, erinnerte sich der Maler Ludwig Ernst Grimm, »sagte sie ihm so viele Artigkeiten, daß der alte Riese ganz freundlich wurde, sich ans Klavier setzte und anfing, auf dem Klavier herumzuschlagen... Wenn sie nun neben ihm stand..., da stellte sie sich einen Stuhl hinter ihn und stieg hinauf und schlug mit einer Rolle Noten den Takt auf seinem großen Kopf.«
Trotz ihrer Wildheit betrieb Bettina das Gesangsstudium mit großem Ernst. Zudem nahm sie Unterricht in Klavierspiel und Komposition und las viel. An ihren Schwager schrieb sie, daß sie vor Arbeit gar nicht mehr unter Menschen käme. Das entsprach der Wahrheit nicht ganz. Sie war bald mit den führenden Köpfen der Zeit bekannt, schloß schnell innige Freundschaft, besaß aber das seltene Talent, es sich mit den meisten zu verscherzen. Der damalige Präsident der Akademie der Wissenschaften, der Philosoph Friedrich Heinrich Jacobi, war einer von ihnen. Beide trafen sich im Herbst 1808 fast täglich, aber bereits im Januar 1809 schrieb Bettina Brentano: »Zu Jacobi gehe ich gar nicht mehr... er ist so dünn im ganzen Wesen wie eine Oblate.« Den gichtkranken Ludwig Tieck pflegte sie wochenlang mit Hingabe. »Ich kenne wenig Menschen, die durch ihren Geist so bestimmten Einfluß auf mich

Bettina Brentano, um 1809
Bleistiftzeichnung
von Ludwig Emil Grimm

haben als Tieck«, heißt es in einem Schreiben an Savigny. Ein halbes Jahr später berichtet sie Goethe, dem Freund seit Jugendzeiten, »mich geht diese unversiegbare Gichtquelle nichts mehr an.« Mit Schelling konnte sie gar nicht erst sprechen, »da er ein so fürchterliches Gesicht hat«, und dessen Frau Caroline fand sie »häßlich wie eine abgetragene Wildschnur«.
Ihre jugendliche Direktheit verletzte die Betroffenen. »...es ist ein Jammer, daß sie (Bettina) sich so verkehrt und verrenkt und gespannt damit hat«, urteilte Caroline Schelling. Bettinas exaltiertes Verhalten blieb nicht ohne Folgen. Immer seltener wurde sie eingeladen. Sie sei »ganz mutterselig allein«, klagte sie im Frühjahr 1809. Sie freute sich schließlich, daß sie im Sep-

tember München verlassen konnte, in dem sie sich nie ganz wohl gefühlt hatte, da ihr »Land und Leute ... sehr zuwider« (waren).
Sie gehen an der südlichen Häuserzeile des Marienplatzes mit ihren Geschäften und Cafés bis zu Haus Nr. 26.

❹ Logis von Maria Anna Mozart
Marienplatz 26
Während Mozart 1780/81 unweit von hier in der Burgstraße 6 wohnte, kam das »Nannerl«, wie Wolfgang Amadeus Mozarts Schwester genannt wurde, bei der Witwe des Hofkammerrats Franz Xaver Durst unter.
Nach wenigen Metern kommt das Stadttor. Dahinter öffnet sich rechter Hand der Blick auf den

❺ Viktualienmarkt
Seit Anfang des 19. Jahrhunderts werden wochentags in zahlreichen Holzbuden mit farbenfrohen Auslagen frisches Gemüse, Obst, Wild, Fisch, Geflügel und Käse angeboten. Dazwischen schieben sich bei gutem Wetter die Biertische. Einmal im Jahr verwandelt sich der Viktualienmarkt: am Faschingsdienstag. Dann kommen Tausende von Schaulustigen und ausgelassen Feiernden, um den Tanz der Marktweiber zu sehen.
Der Münchner Fasching hat seit jeher viel mit Sinnenfreude zu tun. Laden heute Plakate zu Bällen wie *Schabernackt* ein, sah man bereits Anfang dieses Jahrhunderts »im Fasching eine Art Pause in den strengen Gesetzen, die das gesellschaftliche Leben sonst beherrschen... Selbst die Skandale der Münchner Gesellschaft, die sich an den Fasching schlossen, waren voll Grazie. Sie waren einkalkuliert.«
Atelierfeste, Bals parés, Bauernkirchweih und Umzüge – sie alle fanden ihr Publikum, denn Waschfrauen, Köchinnen, Kellnerinnen feierten genausogern wie Malerfürsten und Gelehrte, Schriftstellerinnen und Studenten. Während das »Volk« in den großen Bierkellern wie dem Hofbräukeller feierte, ging die gehobene Gesellschaft ins Deutsche Theater. Je später die Stunde, desto mehr vermischten sich die Feiernden, und nach einer durchtanzten Nacht verzehren »Herren im Frack« mit ihren Damen neben »Dienstmännern und Trambahnputzerinnen« ihre Weißwürste.
Legendär waren die Künstlerfeste, die unter Motti wie *Eine Reise um die Welt* zu phantasievollen Kostümierungen aufforderten. Um die Jahrhundertwende veranstalteten alle Münchner Künstlervereinigungen zusammen in den Räumen des National- und Residenztheaters das große Fest *In Arkadien*. Die Vorbereitung überwachte der Maler Franz von Lenbach, der bekannte Architekt Gabriel Seidl sorgte für die Rekonstruktion antiker Bauten. Franz von Stuck erschien mit seiner Frau Mary als Römerpaar mit goldenem Lorbeerkranz, und selbst der Prinzregent gab sich die Ehre.
Mit Lorbeer bekränzte auch der selbsternannte Dichterfürst Stefan George sein Haupt, als er 1903 als Cäsar auf dem »heidnischen« Maskenfest der Kosmiker bei Karl Wolfs-

Viktualienmarkt, um 1905

Faschingsfest des Journalisten- und Schriftstellervereins im Deutschen Theater, 1905

kehl erschien. Die Bohemien Franziska zu Reventlow (vgl. S. 77 ff.) spottete zwar häufig über »Weihenstefan«, schätzte aber diese Faschingsfreuden: »...alles sehr wundervoll.« Wann immer es ging, genoß die Reventlow den Fasching in vollen Zügen. Die Saison 1906 gestaltete sich wie folgt:
»16. Februar: Konnte doch nicht mehr richtig arbeiten, weil die Gedanken mich zupften: Soll ich, oder soll ich nicht? –
Ach dies alte Karnevalsheimatsgefühl, wenn man den Bauernball gesehn und mitgetan... Die Zwischentage in der Schule, ein Werdenfelsfest heroisch versäumt... Samstag Römerfest... Hatte mein schäbiges Griechenhemd mit dem Kranz von 1903 an, fand mich aber doch sehr schön dabei, die andern auch. Ist das doch immer ein angenehmes Gefühl, denke manchmal, wie soll man leben, wenn das aufhört.«
Der Fasching war durchaus eine ernstzunehmende Angelegenheit. Selbst Wissenschaftler wie der berühmte Archäologe Ludwig Curtius beschäftigten sich mit der Frage der Kostümwahl. Er kam zu dem erstaunlichen Ergebnis: »Wir entschieden uns nach dem berühmten Bilde einer griechischen Vase des rotfigurigen Stils in Berlin, Orpheus und die Thraker darzustellen.« Nach dem Ersten Weltkrieg, als die berühmten Feste wieder

auflebten, richtete *Die Gesellschaft der Münchner Bücherfreunde* in Horst Stobbes Bücherstube am Siegestor eine Kostümberatungsstelle für das Kostümfest zu Ehren von E.T.A. Hoffmann ein. Literarische Kenntnisse wurden auch den Gästen der *Argonauten* im Hotel Vier Jahreszeiten abverlangt. Zur *Literaturgeschichte in einer Nacht* kam man »als schöne Helena, Madame Chauchat, als Hölderlin, als Courths-Mahler oder als Paolo und Franceska, als Lulu, Jungfrau von Orléans...«

Neben all dem Amüsement und aller Ausgelassenheit eigneten Feste sich immer schon, neue Kontakte zu knüpfen. In einem Nachruf auf die Dramatikerin Marieluise Fleißer wurde etwa kolportiert: »Die Karriere begann für die Ingolstädter Eisenwarenhändlerstochter auf einem Münchner Faschingsfest, sitzend auf der Schulter von Bruno Frank, der ihr den Lion Feuchtwanger vorstellte und sie pries als die Frau mit dem schönsten Busen Mitteleuropas (sie hat es selber erzählt). Das sprach sich herum. Sie wollte aber auch schriftstellerisch mithalten, traf auf Bert Brecht«, der sie zum Schreiben ermutigte.

Heute jedoch sind die Zeiten vorbei, von denen es hieß: »Man fuhr nach München zum Fasching, wie man im Februar nach Cannes fuhr.«

Sie gehen nun auf den Viktualienmarkt, in dessen Mitte ein Brunnen steht mit der

❻ Bronzefigur von Liesl Karlstadt Viktualienmarkt

Das Denkmal ist der Schauspielerin Liesl Karlstadt (1892-1950) gewidmet, die zu Lebzeiten oft im Schatten ihres Partners Karl Valentin stand.

Liesl Karlstadt, um 1917

1929 klagte sie: »Die Zeitungen haben bis dato nur über ihn geschrieben und mich total vergessen«, was so apodiktisch natürlich nicht stimmte, doch wurde die Karlstadt von der Kritik weniger als »selbständige Künstlerin« denn als »kongeniale« Partnerin Valentins wahrgenommen.

Die Bäckermeisterstochter Elisabeth Wellano wuchs in ärmlichen Verhältnissen auf. Ihre Lehre trat das Mädchen, das ein »Gesicht wie ein höchst erstaunter Jakobi-Apfel« hatte, in einem Textilgeschäft am Viktualienmarkt an, doch galt ihr Interesse mehr den Komikergesellschaften, die in den Bierwirtschaften auftraten. Bald stand sie in einer Singspielgesellschaft neben der Frau Direktor im Flitterkleid auf der Bühne und sang vom Herz, das ein Bienenhaus sei. 1911 lernte sie im Frankfurter Hof, damals dem besten Münchner Volkssängerlokal, Karl Valentin kennen. Als jugendliche Soubrette trällerte sie nach eigenem Eingeständnis »recht mittelmäßig« Lieder wie »Ein jeder ruft – hipp hipp hurra, die fesche Mizzi, die ist da«. Valentin erklärte ihr rundheraus, für eine Soubrette habe sie zuwenig Busen, außerdem sei sie viel zu brav und schüchtern, eine Soubrette müsse keß sein. Da half es nicht viel, daß Valentin ihr komisches Talent bescheinigte – Elisabeth Wellano war beleidigt und ihre Verehrung für Karl Valentin »gedämpft«. Als dann aber die Parodie auf eine Soubrette, die Valentin für sie schrieb, »ein großer Lacher« wurde, gab sie ihm recht und verlegte sich aufs Komische. Im *Alpensängerterzett*, einer Persiflage auf »Tiroler« Volkssänger, standen Liesl Karlstadt und Karl Valentin zum erstenmal gemeinsam auf der Bühne. Kostprobe des verqueren Humors: Die Karlstadt sang das Lied vom Edelweiß nicht hoch genug, also stieg sie auf einen Stuhl...

Da Valentin fand, Wellano sei ein Name für eine Trapeznummer, erhielt Liesl den Künstlernamen Karlstadt, in Anlehnung an den von Valentin verehrten Gesangshumoristen Karl Maxstadt. Die beiden feierten Erfolge mit Szenen wie *Der Firmling, Die Raubritter vor München, Im Photoatelier, Der reparierte Scheinwerfer* oder *Die Orchesterprobe*, die zum Teil als Filme der Nachwelt erhalten sind. Die Karlstadt glänzte als »Kreszenzia Hiagelgwimpft« und in ihren Hosenrollen als Schusterbub, Piccolo, Kapellmeister oder »Lucke von der Au«. Ihre Verwandlungsfähigkeit demonstrierte sie brillant in dem eigens für sie geschriebenen Stück *Ehescheidung vor Gericht*, in dem sie in fünf Rollen schlüpfte.

Die Idee für ein neues Stück stammte meist von Valentin, doch an der Entstehung war die Karlstadt als »mit-improvisierende Ko-Autorin« beteiligt. Dichtend, »inszenierend, spielend erschaffen sich die Zwei ihr Stück«, beschrieb ein Zeitgenosse den Schaffensprozeß, und die Karlstadt meinte: »...wir verfassen unsere Stücke selbst, indem wir in die Probe gehen, bewaffnet mit Bleistift und einem Stück Papier. Da sprechen wir von verschiedenen vorhandenen Ideen, das heißt: Ich stelle Fragen, und er beantwortet sie mir!« Bei der Improvisation war die

Karl Valentin und Liesl Karlstadt im Salvatorkeller

Karlstadt Valentin ebenbürtig. Sie lieferte den scheinbar normalen Hintergrund, vor dem sich die aberwitzigen Einfälle, der abgründige, teils absurde, teils groteske und skurrile Humor Valentins erst entfalten konnte. Aus der Polarität der beiden entsprang die Komik. Ein Theaterkritiker nannte die Karlstadt einmal den Sancho Pansa zu dem Don Quichote Valentins, und die später vollschlanke Liesl sah allein schon optisch neben dem spindeldürren Valentin witzig aus.
Nicht nur auf der Bühne, auch im Privatleben waren die beiden eng verbunden. Schon vor dem Ersten Weltkrieg gingen sie eine Liebesbeziehung ein. Das war nicht unproblematisch, da Valentin 1911 geheiratet hatte. Seine an Kunst uninteressierte Frau Gisela und seine Tochter Bertl hielt er vom Theater fern. Die Tochter war höchst eifersüchtig, wenn sie sich »das Fräulein Karlstadt« auch noch zum Vorbild nehmen sollte: »Ich hatte das Empfinden, diese Frau nimmt mir meinen Vater.« Wie sehr der verschrobene Valentin an Liesl Karlstadt hing, zeigt ein Brief, den er an die zu Depressionen neigende Schauspielerin 1935 nach ihrem Selbstmordversuch sandte: »Wie sehr du mir nicht ans, sondern ins Herz gewachsen bist, wirst du wohl *nie* erfassen. Ohne Dir ist die Welt völlig inhaltslos Du hast für mich schon so viel Geduld aufge-

bracht warum sollst Du es nicht für dich selbst können... Halte aus! Halte aus! Halte aus im Sturmgebraus!«
Nach 1940 standen die beiden sieben Jahre lang nicht mehr gemeinsam auf der Bühne. Valentin zog sich zurück und konnte auch nach dem Krieg im Gegensatz zur Karlstadt nicht mehr richtig Fuß fassen. 1947 und 1948 war sie noch einmal seine Partnerin bei seinen letzten Auftritten. Valentin starb 1948, Liesl Karlstadt zwölf Jahre später.

An der südlichen Ecke des Marktes beginnt das Rosental, in das Sie nun einbiegen. Nach wenigen Metern kommen Sie zum

❼ Geburtshaus von Sophie Menter
Rosental 16

Die begabte Pianistin und Komponistin Sophie Menter (1846-1918), Tochter aus einer Musikerfamilie, debütierte am Leipziger Gewandhaus und wurde anschließend Schülerin von Franz Liszt. 1883-1887 unterrichtete sie als Professorin am Konservatorium in München und ging dann nach St. Petersburg. Die gefeierte Musikerin verlebte die letzten Jahre in der Nähe von München.

Heute gehört das Haus zum Münchner Stadtmuseum, das mit seinen Sonderausstellungen u.a. zur Alltagsgeschichte, den Beständen zur Fotografie, Musik, zum Puppentheater, dem Filmmuseum und vielem mehr ein vielbesuchtes Museum ist. Im Sommer lädt der idyllische Innenhof zum Sitzen ein.

Sophie Menter

Das Haus liegt an der Ecke zur Nieserstraße, die Sie zum kleinen Sebastiansplatz und gleich rechts auf den St.-Jakobs-Platz führt. Sie gehen an der Vorderseite des Stadtmuseums vorbei, überqueren die vielbefahrene Straße Oberanger und nehmen die kleine Hermann-Sack-Straße, die auf die Sendlinger Straße führt. Links können Sie die schönste Rokokokirche Münchens, die Asamkirche, sehen. Der Weg führt weiter geradeaus in die Hackenstraße. Das Eckhaus auf der rechten Seite war das ehemalige

❽ Wohnhaus der Brauerfamilie Pschorr
Sendlinger Straße 75

Von den großbürgerlichen Räumen ist heute noch der Silbersaal zu besichtigen. Die Pschorrs besaßen eines der größten Brauereiimperien der Welt. Der Aufstieg begann Anfang des 19. Jahrhunderts unter Joseph Pschorr, einem Bauernsohn, der nach einer Biersiederlehre die Tochter des damals bereits bekannten Hackerbräu-Besitzers, Maria Theresia Hacker, heiratete. Die beiden hatten zwanzig Kinder, die die Bierdynastie festigten. Die Enkelin Josephine ging jedoch nicht in Verbindung mit Bier in die Geschichte ein: Sie heiratete einen königlich-bayerischen Hornisten namens Franz Joseph Strauss. Ihr Sohn Richard feierte als Komponist des *Rosenkavalier* und der *Ariadne auf Naxos* weltweit Erfolge.

Der Spaziergang führt die Hackenstraße entlang, vorbei an der Hundskugel, einer der ältesten Wirtschaften Münchens. Die Straße macht jetzt einen Knick. Auf dem Grundstück der heutigen Nummer 12 befand sich einst das Haus mit der

❾ Wohnung der »Hexe« Katharina Schwerzin
Hackenstraße 12

Der Prozeß gegen Katharina Schwerzin und ihre Töchter war einer der aufsehenerregendsten in der Stadt. Die Witwe eines Webers und ihre Töchter lebten Anfang des 17. Jahrhunderts ärmlich von Spinnerei und gelegentlicher Prostitution. Die fromme Tochter Bärbel wehrte sich dagegen, ihren Körper zu verkaufen, und machte einen Selbstmordversuch. Doch sie überlebte und bezichtigte sich, ihre Mutter und ihre Schwester der Hexerei. Den dreien wurde daraufhin ein Folterprozeß gemacht. Bärbel und die Mutter widerriefen vor Gericht und wurden freigelassen, während die Jüngste, Else, bei ihrem Geständnis blieb und 1616 hingerichtet wurde. Bärbel, die im Heiliggeistspital unterkam, wurde wahnsinnig.

Seit dem Mittelalter wurden Frauen oft für Pest, Krieg, Hungersnot und anderes Unglück verantwortlich gemacht. In München gab es zwar seit Ende des 14. Jahrhunderts Hexenprozesse – der erste, der bekanntgeworden ist, fand 1386 statt –, doch die großen Verfolgungen setzten erst Ende des 16. und zu Beginn des 17. Jahrhunderts ein. Vorher waren es Einzelschicksale, die die Gemüter erhitzten. So der Fall der heiligen Anna Lamit aus Augsburg, die 1511 in München von der Herzogin Kunigunde als Schwindlerin entlarvt wurde.

Anna Lamit stand im Ruf der Heiligkeit, weil sie von sich behauptete, der Genuß der Hostie sei ihr Labung und Nahrung genug; sie müsse sonst nichts essen. Ihre Geschichte machte damals Eindruck: Hans Holbein malte sie, Fürsten und Geistliche, darunter Martin Luther, reisten zu ihr. Da ließ Herzogin Kunigunde sie holen und beobachtete heimlich durch ein Loch in der Wand, daß Anna Lamit unter ihrer Kleidung Pfefferkuchen verbarg. Die Entdeckte floh aus der Stadt, wurde später aber aufgegriffen, gefoltert und

37

Hexenprozeß in München. Kolorierter Holzschnitt, 1600

ertränkt. Luther soll, als er davon hörte, von einer großen »Bescheißerey« gesprochen haben.
Teufelspakt war neben Zauberei und Kinderhändel ein gängiger Vorwurf gegen die »bösen Teufelshuren, die da Milch stehlen, Wetter machen, auf Böcken und Besen reiten«. Der Verdacht allein genügte, um eine unbeliebte Nachbarin oder beneidete Unternehmerin zu denunzieren. Ende des 16. Jahrhunderts wurden in München mehr als 15 Frauen, darunter unvermögende Witwen und reiche Gastwirtinnen, verhaftet und im »Hexenturm«, dem ehemaligen Falkenturm nahe der Residenz, inhaftiert. Der wegen seiner grausamen Folterpraktiken berüchtigte Jörg Abriel von Schongau bereitete den angeklagten Frauen fanatische Folterprozesse.

Unter den Angeklagten befand sich auch die 70jährige Anna Anbacher, die unter Tortur gestand, mit dem Teufel Geschlechtsverkehr gehabt zu haben. Die Entrüstung breiter Bürgerschichten gegen Abriels Grausamkeit blieb ungehört. Anna Anbacher wurde ebenso wie die meisten anderen Angeklagten hingerichtet.
Die erste Verfolgung war noch nicht vergessen, als Maximilian I. 1598 die Herzogswürde erlangte. Von Verfolgungsbefürwortern umgeben, begann er seine Regierungszeit mit einem Schauprozeß gegen eine Landfahrerfamilie, der in einer neuen Hysterie ausartete. Von den schrecklichen Hinrichtungen auf dem Marienplatz wurde im ganzen Land gesprochen. Aufgeklärte Politiker und Hofbeamte, deren weibliche Verwandtschaft ebenfalls

von der Verfolgung betroffen war, arbeiteten an Protestschreiben gegen die Ausschreitungen. Bis sich diese Stimmen durchsetzten, mußten aber noch etliche Frauen mit dem Leben bezahlen. Unter ihnen auch Else Schwerzin. Die letzte öffentliche Hinrichtung ist 1722 nachweisbar.

Die Hackenstraße wird von der Brunnstraße weitergeführt, von der nach wenigen Metern rechts die Damenstiftstraße abgeht. Hier war das

❿ Damenstift St. Anna
Damenstiftstraße 3

St. Anna wurde 1784 von Kurfürstin Maria Anna als Versorgungsstätte für unverheiratete adlige Mädchen und Frauen gegründet. Auf dem Gelände stand seit dem 15. Jahrhundert eine Kapelle, die Herzog Albrecht III. nach der Versöhnung mit seinem Vater hatte bauen lassen. Albrecht hatte Agnes Bernauer, die Tochter eines Baders, heimlich geheiratet. Als der Skandal der unstandesgemäßen Ehe bekannt wurde, ließ der erzürnte Vater, Herzog Ernst, die Bernauerin 1435, als ihr Mann unterwegs war, kurzerhand ertränken. Die dramatische Geschichte lieferte 1855 den Stoff für Friedrich Hebbels Drama *Agnes Bernauer*.

Sie überqueren die Herzogspitalstraße und kommen geradeaus durch die Eisenmannstraße zur Fußgängerzone, die Sie links bis zum Karlsplatz gehen. Von der Fontäne aus können Sie auf der gegenüberliegenden Seite der vielbefahrenen Straße das Nobelhotel Königshof sehen. An der Stelle stand zu Beginn des 19. Jahrhunderts das

⓫ Wohnhaus von Emilie Linder
Karlsplatz 25

Emilie Linder (1797-1867) stammte aus einer reichen Basler Familie und kam mit 27 Jahren nach München, um Historienmalerei zu studieren. An der Akademie fühlte sie sich als einzige Frau unwohl und zog es vor, Privatunterricht bei dem Maler Joseph Schlotthauer und später, während eines Romaufenthaltes, bei Friedrich

Emilie Linder. Kreidezeichnung von Wilhelm Ahlborn, 1830/31

Overbeck zu nehmen. Ein Erfolg als Malerin blieb ihr allerdings versagt. Doch wurde ihr Salon am Karlsplatz zum Treffpunkt der Romantiker. Der Maler Peter Cornelius war bei ihr ebenso zu Gast wie der Philosoph Franz von Baader, die Familie Görres und viele mehr. Mit allen verband sie eine innige Freundschaft.

Zu diesem Kreis stieß 1833 der 55jährige Dichter Clemens Brentano, als er nach München übersiedelte. »Eine recht seltsame Bekanntschaft habe ich dies Spätjahr am Clemens Brentano gemacht«, schrieb Emilie Linder kurz darauf an Peter Cornelius. »...ich meine nicht, daß mir je ein ähnlicher Mensch begegnet ist. Ich habe sehr Gnade bei ihm gefunden, er kömmt täglich zu mir.« Sein Witz und Humor wurden in den Abendgesellschaften am Karlsplatz mit Bewunderung aufgenommen. Bald traf man sich wöchentlich zu einem Donnerstag-Mittagstisch, an dem Brentano aus seinen Aufzeichnungen über die stigmatisierte Nonne Katharina Emmerich vorlas.

Eine tiefe Leidenschaft ergriff den alternden Dichter zu der Gastgeberin. Sie verkörperte alles, was den romantisch bewegten Brentano anzog: Ihr »schlicht bescheidenes, innerlich gesammeltes Wesen« faszinierte ihn, »ihm (gefiel) an der unscheinbaren, freilich nicht unzierlichen Gestalt das schüchterne Hingleiten, ...das sinnvoll Bedächtige, ...still und anhaltend Begeisterte.« – »Liebe Emilie«, schreibt Brentano ihr 1837, »zürne mir nicht – ich liebe dich und liebe dich, ach und nichts Anders als das und es ist viel, um keinen Menschen könnte ich es tragen, als um dich!« In zahlreichen Liedern besang er die Geliebte als »Süß Lieb, schwarzlaubige Linde« oder »arme Lindi«. Eines seiner schönsten Gedichte, *Was reif in diesen Zeilen steht*, entstand in dieser Zeit:

»Was heiß aus meiner Seele fleht,
Und bang in diesen Zeilen steht
Das soll dich nicht betrüben
Die Liebe hat es ausgesäet
Die Liebe hat hindurchgewehet,
Die Liebe hat's getrieben.«

Aber Emilie Linder entzog sich dem stürmischen Werben Brentanos. Seine Unruhe und Leidenschaft, verbunden mit einem tiefen Katholizismus, waren ihr fremd. »...er will mich katholisch machen, und ist sehr eifrig in seinem Werke, obschon ich, offen gestanden, seinen Katholizism am wenigsten huldigen kann«, berichtete sie ihrem Vertrauten Cornelius.

Dennoch brachte sie es nicht über sich, Brentano den Umgang zu untersagen, und war ihm bis zu seinem Tod 1842 eine enge und gute Freundin. »Ich habe ihm viel zu danken«, schrieb sie kurz nach seinem Tod an einen Freund. Allerdings, gesteht sie gleich darauf, »hatte er eine Seite, die meinem ganzen Wesen so schnurstrack's entgegen war, daß er meist eine heftige Opposition in mir erweckte als wohl sonst je gekommen wäre.« Konnte sie seinem lebhaften Wunsch, sie möge zum Katholizismus konvertieren, zu Lebzeiten »aus Opposition« nicht nachgeben, so tat sie es nach seinem Tod. »Clemens wird sich freuen!« schrieb sie nach Eintritt in die katholische Kirche.

Emilie Linder überlebte den Freund um 25 Jahre. Als sie im Sommer 1867 beigesetzt wurde, versammelte sich eine große Zahl von Künstlern, Gelehrten und Freunden an ihrem Grab. Sie alle hatten »die Güte und das milde Herz« der Linder kennengelernt.

Sie gehen die Neuhauser Straße zurück und sehen schon von weitem linker Hand die prächtige Renaissancekirche St. Michael mit dem größten Tonnengewölbe nördlich der Alpen. Links daneben befindet sich das ehemalige Jesuitenkolleg, in das 1781 die Münchner Zeichenschule einzog. Daraus hervor ging 1809 die

❿ Alte Akademie der Bildenden Künste

Frauen waren an der Alten Akademie nur ausnahmsweise zugelassen. Den Präzedenzfall hatte Maria Ellenrieder geliefert, die Anfang des 19. Jahrhunderts den damaligen Direktor Johann Peter von Langen unter »Tränen« zur Aufnahme überredete. Ihr Talent und Fleiß machten sie zu einer beliebten Schülerin. Davon berichtet Louise

Die Malstunde. Gemälde von Franz Xaver Simm, um 1890

Seidler, die sich durch Empfehlungen Zugang zur Akademie verschaffte, in ihren Erinnerungen. Mit Referenzen von Goethe und dem Großherzog von Sachsen wurde ihr 1817 »manche Tür freundlich geöffnet, welche sich sonst nur schwer erschloß«.
In der Regel mußten Frauen andere Wege suchen, wenn sie sich künstlerisch ausbilden wollten. Entweder nahm sie ein bekannter Maler oder Bildhauer als Schülerinnen an, oder sie mußten die Kunstgewerbeschule bzw. Künstlerinnenschule besuchen. Den beiden Engländerinnen Anna Mary Howitt und Jane Benham blieben beispielsweise 1850 die Tore der Akademie verschlossen. Der damalige Direktor, Wilhelm von Kaulbach, war aber von ihrer Begabung so beeindruckt, daß er sie als Privatstudentinnen ohne Entgelt in seinem Atelier unterrichtete.
Die Malerin Helene Raff (vgl. S. 101 f.) mietete mit anderen jungen Künstlerinnen 1884 ein gemeinsames Atelier, in dem einmal wöchentlich ein Professor der Akademie Korrektur gab. Als die später berühmte Zeichnerin Käthe Kollwitz (1867-1945) 1888 in die weltweit bekannte Kunststadt München kam, erhielt sie bei dem Maler Ludwig Herterich in der Künstlerinnenschule Unterricht. Das konnte nur von Vorteil sein, da die Akademie immer konservativer wurde, während neue Impulse von der jungen Generation der Sezessionisten ausgingen.
Käthe Kollwitz berichtet über ihre Studienzeit: »Das Leben, das mich dort umgab, war anregend und beglückend... Der freie Ton der Malweiber entzückte mich... Ich habe in München wirklich sehen gelernt.« Ende des 19. Jahrhunderts wechselte die Akademie nach Schwabing (vgl. S. 122).

Der Weg führt weiter Richtung Marienplatz an einer Reihe von kleinen Geschäften vorbei, die sich im Seitenschiff der ehemaligen Kirche der Augustinereremiten einquartiert haben. An der Ecke biegen Sie links in die Augustinerstraße ab und gelangen zur Frauenkirche, die Sie durch den Eingang des nördlichen Seitenschiffs betreten.

❽ Frauenkirche
Die gotische Hallenkirche, Wahrzeichen der Stadt, wurde nach ihrer Zerstörung im Zweiten Weltkrieg originalgetreu wiederaufgebaut. Sie atmet den Geist des mittelalterlichen Bürgertums. Charakteristisch für die Silhouette Münchens sind die beiden Türme mit ihren welschen Kappen. Weit über München hinaus bekannt wurde das tragische Schicksal der Franziska Freiin von Ickstatt, die im Alter von 17 Jahren aus unerfüllter Liebe zu einem Leutnant einen Turm der Kirche erstieg und sich von der Höhe in den Tod stürzte. Dieser Selbstmord von 1785 war eine der Nachahmungstaten, die Goethes Werther ausgelöst hatte. Der Dichterfürst selbst besuchte wenig später München, um sich den Unglücksort anzusehen.

Sie treten durch den rechten Seitenausgang auf den Frauenplatz, von dem die kleine Mazaristraße zurück auf die

Münchner Frauencafé, genannt »Loch«. Zeichnung von Josef Puschkin, um 1880

Fußgängerzone führt. Gleich auf der gegenüberliegenden Straßenseite, im Haus Nr. 7, befand sich Anfang des 18. Jahrhunderts das

⓮ Kaffeehaus »Zum Türken«
Kaufingerstraße 7
Inhaber des Cafés »Zum Türken«, das zu den ältesten der Stadt zählte, war ein Paar, das vermutlich eine der ersten türkisch-deutschen Ehen einging. Der Türke, der als Kriegsgefangener an die Isar gekommen war, hatte sich den bayerischen Namen Josef Ferdinand Schönwein zugelegt, doch sein Kaffeehaus, das er 1721 erwarb, nannte er »Zum Türken«. Nach seinem Tod führte seine Frau Margaretha Maximiliana das Geschäft weiter. München gilt als Bierstadt, doch sollte darüber nicht vergessen werden, daß hier auch die Kaffeehauskultur gepflegt wurde. Das Türkengetränk und seine Wirkung auf das »schwache Geschlecht« hatte Johann Sebastian Bach nach einem Text von Picander seiner Kaffee-Kantate zugrunde gelegt:

Lieschen: »Ei! wie schmeckt der
   Coffee süße,
Lieblicher als tausend Küsse,
Milder als Muskatenwein.
Coffee, Coffee muß ich haben;
Und wenn jemand mich will laben,
Ach, so schenkt mir Coffee ein!«

Der erboste Vater stellt seine Tochter vor die Wahl: Kaffee oder Ehemann, doch:

»Die Katze läßt das Mausen nicht,
Die Jungfern bleiben Coffee-
  schwestern.
Die Mutter liebt den Coffeebrauch,
Die Großmama trank solchen auch,
Wer will nun auf die Tochter lästern!«

Um 1770 gab es im Stadtinnern zehn Kaffeehäuser, die meist von ehemaligen Hofbediensteten, deren Gattinnen oder Witwen unterhalten wurden. Die *Münchner Staats-, gelehrte und vermischte Nachrichten* mahnten 1781: »Meine liebe Leinewäscherin, du sollst dir statt Kaffee Brot kaufen und Rindsuppe essen und du wirst weniger kränkeln«, und ein Hofkammerrat jammerte 1783: »...wo sind die schönen ungeschminkten Kernbacken unserer Großmütter geblieben?«
Das erste Frauencafé gab es bereits im 19. Jahrhundert in einem Keller an der Ecke Herzogspitalstraße. Es hieß »Café Union«, wurde aber allgemein »Im Loch« oder »Weibercafé« genannt. In dem düsteren Gastraum des »Lochs« verkehrten hauptsächlich Händlerinnen und Bürgersfrauen. Es bestand bis zum Ende des Ersten Weltkriegs und ist heute zerstört.
Der Spaziergang endet auf dem Marienplatz, den Sie von hier aus schon sehen können.

Der Wittelsbacherbrunnen
am Lenbachplatz

Dritter Spaziergang
»Stätten der Musen«
Zwischen Maximilianstraße
und Lenbachplatz

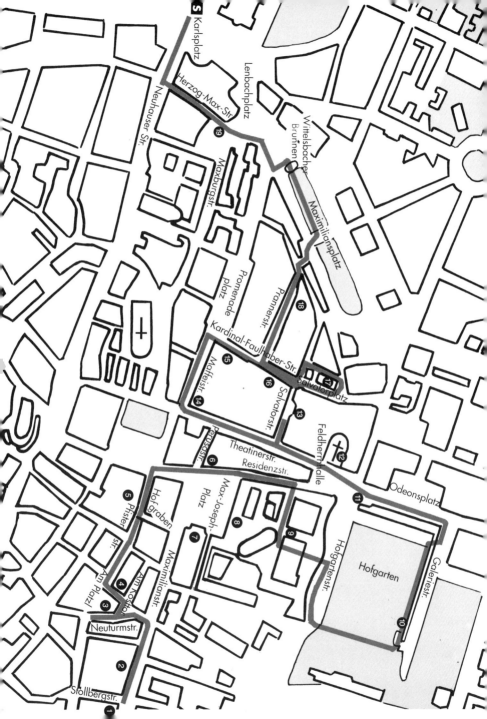

Von der Maximilianstraße (Straßenbahnhaltestelle Kammerspiele) führt der Spaziergang durch den ältesten Teil Münchens zur Residenz und anschließend durch das Kreuzviertel mit seinen prächtigen Adelspalais. Dabei werden Sie die wichtigsten Münchner Theaterbühnen und ihre Opernsängerinnen und Schauspielerinnen kennenlernen. Sie werden adlige Damen vom Hof und aus dem berühmtesten Beginenkloster der Stadt treffen sowie Politikerinnen aus verschiedenen Jahrhunderten. Am Ende des Spaziergangs, am Gedenkstein für die ehemalige Synagoge, wird von Jüdinnen die Rede sein.

Sie beginnen den Spaziergang auf der Maximilianstraße, einer Prachtstraße aus dem 19. Jahrhundert. Heute reihen sich elegante Geschäfte aneinander, und wenn es Abend wird, hasten Theater- und Opernbesucher vorüber, denn hier liegen auf engem Raum die großen Münchner Bühnen. An der Ecke Stollbergstraße befand sich die

Suzannah Ibsen, 1873

❶ Wohnung von Suzannah und Henrik Ibsen
Maximilianstraße 32
Hier lebten von 1885-1891 der in München vielgespielte norwegische Dramatiker Henrik Ibsen und seine Frau, die Bergener Pfarrerstochter Suzannah Thoresen. Die Stücke *Die Frau vom Meer* und *Hedda Gabler* entstanden in dieser Zeit. Die junge Malerin Helene Raff war mit den Ibsens eng befreundet. Über Suzannah Ibsen und ihren Einfluß auf das dichterische Werk ihres Mannes schrieb sie fasziniert:»Sie fiel aus dem damals noch gültigen Frauentypus völlig heraus, verkörperte die weibliche Eigenpersönlichkeit. Ihr Einfluß auf Ibsens Stellung zur Frauenfrage, auf die Frauentypen seiner Dichtung ist unverkennbar... Sie war nicht schön, mit Ausnahme der licht- und ausdrucksvollen Augen... Aber sie besaß Kühnheit, Energie, Leidenschaft...«
Sie gehen nun weiter stadteinwärts und sehen nach wenigen Häusern die

❷ Kammerspiele
Maximilianstraße 26
Die Kammerspiele sind nicht nur aufgrund ihrer Theatergeschichte eine der bedeutendsten Bühnen Deutschlands, sondern überdies auch ein architektonisch außergewöhnliches Jugendstiltheater. Der von Richard Riemer-

Therese Giehse
als Mutter Wolffen in
Gerhart Hauptmanns *Biberpelz*,
Kammerspiele, 1928

schmid errichtete Theaterbau hieß zunächst Schauspielhaus. Die letzte Prinzipalin Hermine Körner, die seit 1919 hier wirkte, mußte die Direktion niederlegen, als Otto Falckenberg 1926 mit seinen Kammerspielen aus der Augustenstraße in die Räume des Schauspielhauses zog.

Die Kammerspiele hatten zu dieser Zeit bereits einen bekannten Namen. In der Augustenstraße waren die großen weiblichen Stars der Vor- und frühen Nachkriegszeit aufgetreten wie Ida Roland, die »einzige erotische Heroine oder heroische Erotikerin des deutschen Theaters mit dem Ferment der großen Kindlichkeit«. Mirjam Horwitz hatte in Rollen als mondäne, emanzipierte Frau brilliert. Sibylle Binder und Elisabeth Bergner hatten hier ihre ersten großen Erfolge gefeiert.

Der neue Spielort der Kammerspiele in der Maximilianstraße wurde mit *Dantons Tod* von Georg Büchner eröffnet. Therese Giehse (1898-1975), die gerade vom Breslauer Theater ans Schauspielhaus gekommen war, spielte das Weib des Souffleurs Simon. Bis 1933 blieb sie an diesem Avantgarde-Theater. Ihr Name ist mit den Kammerspielen aufs engste verbunden.

Die gebürtige Münchnerin hatte seit ihrer Jugend zielstrebig den Wunsch verfolgt, Schauspielerin zu werden. Sie sprach bei Albert Steinrück vor, der sie der Schauspiellehrerin Toni Wittels-Stury empfahl. Obwohl sie sich bereits

Rechts: Therese Giehse als
Mutter Courage in Brechts Inszenierung
in den Kammerspielen, 1950

bei Steinrück mit den Worten eingeführt hatte: »Ich weiß, ich bin zu dick, aber das Gretchen will ich ja gar nicht spielen«, waren es nun genau diese Mädchenrollen, die sie übte. Denn Toni Wittels wußte: »Die Mutter Wolffen spielen Sie von ganz allein.« An den Kammerspielen glänzte die Giehse in dem sozialkritischen Stück *Cyankali* von Friedrich Wolf, sie spielte die Marthe Schwerdtlein im *Urfaust*, Frau Ekdal in Ibsens *Wildente*, trat aber auch in Possen auf. Ein Riesenerfolg wurde die Münchner Erstaufführung der *Dreigroschenoper* von Bertolt Brecht, mit dem sie befreundet war. Das Publikum liebte sie, Schriftsteller wie Thomas Mann, Thornton Wilder und Karl Kraus bewunderten sie. Auch Hitler saß anfangs oft im Parkett, und der *Völkische Beobachter* schrieb in Verkennung der Tatsachen: »Endlich ein deutsches Weib in diesem verjudeten Haus.«

1933 emigrierte die Jüdin Giehse in die Schweiz und trat nach dem Krieg erstmals 1949 als gefeierte Mutter Wolffen wieder in den Kammerspielen auf. Im Jahr darauf inszenierte Brecht selbst seine *Mutter Courage* mit der Giehse in der Titelrolle. Es folgte die Uraufführung von Marieluise Fleißers Komödie *Der starke Stamm*, und die *Neue Zeitung* jubelte: »Frau Giehse, ...eine ganze Skala bajuwarischer Gefühlstöne absolvierend, war hinreißend.« 1954 zog sie endgültig wieder nach München. Äußerst bescheiden wohnte sie bis zu ihrem Tod in einem kleinen Appartement in der Wurzerstraße, ganz in der Nähe der Kammerspiele.

Sie gehen von den Kammerspielen die Maximilianstraße weiter stadteinwärts und biegen nach wenigen Metern links in die Straße Am Kosttor ein. Die leicht verwinkelte Gasse führt bereits nach wenigen Metern auf einen kleinen Platz, von dem links die Neu-

Therese Giehse in der Garderobe der »Bonbonniere«, 1933

turmstraße abzweigt. An der Ecke zum Kosttor befand sich in einem Haus, das im Krieg zerstört wurde, das

❸ **Kabarett**
»Die Pfeffermühle«
Neuturmstraße 5

Am 1. Januar 1933 eröffneten Erika Mann (1905-1969), die Tochter von Katia und Thomas Mann, und Therese Giehse in dem kleinen Theater

Erika Mann in der *Pfeffermühle*, 1934

Bonbonniere, das es seit den zwanziger Jahren hier gab, das Kabarett *Die Pfeffermühle* mit einem literarischen, politisch antinationalsozialistisch engagierten Programm. Klaus Mann erinnert sich: »Erika sang, agierte, engagierte, inspirierte, kurz, war die Seele des Ganzen... (Aber) die ›Pfeffermühle‹ hatte eine Doppelseele – die andere Hälfte hieß Therese Giehse. (Sie) stellte... die ganze Fülle ihrer Erfahrung und ihres Talents zur Verfügung.

Ohne sie wäre die ›Pfeffermühle‹ nicht das geworden, was sie ...war.« Das Kabarett der beiden Frauen war in dem politischen Klima kurz vor der Machtergreifung ein glänzender Erfolg. Bereits nach zwei Monaten mußte eine größere Bühne gesucht werden, doch zur Wiedereröffnung kam es nicht mehr. Von den neuen Machthabern bedroht, emigrierten Erika Mann und Therese Giehse in die Schweiz, wo sie das Kabarett erfolgreich weiterführten.

Sie gehen zurück zum Kosttor, von wo aus Sie zum Platzl kommen. Gleich rechts lag die

❹ Volksküche der Adele Spitzeder Am Platzl 4

Hier eröffnete 1872 die skandalumwitterte Adele Spitzeder (1832-1895) eine Gaststätte, die sie aufgrund ihrer günstigen Preise *Erste Münchner Volksküche* nannte. Im Erdgeschoß gab es Suppe, Fleisch, Gemüse, Brot für zehn Kreuzer, im ersten Stock ging es etwas feiner zu, das Essen kostete dafür drei Kreuzer mehr. Die Spitzeder verlangte für das Bier einen Kreuzer weniger als andere Gaststätten, der Andrang war entsprechend groß, und während des Oktoberfestes mußten die Köchinnen pro Stunde schon mal 2000 Knödel formen.

Die Lebensgeschichte der Adele Spitzeder, einst die berühmteste Bankrotteurin Deutschlands, kennt heute kaum jemand mehr. Auch das nach ihr benannte Bühnenstück von Martin Sperr aus den siebziger Jahren ist in Vergessenheit geraten. Adele Spitzeder wuchs als Kind eines berühmten Sängerpaares in München auf und wurde Schauspielerin. Mit mäßigem Erfolg trat sie in Frankfurt, Regensburg und Bern auf. Als sie 1866 nach München kam, war sie finanziell ziemlich am Ende. Sie lieh sich Geld bei Wucherern, was sie wohl auf die entscheidende Idee brachte: Warum nicht selbst Geld verleihen? Der ersten Kundin zahlte sie sofort und bar auf die Hand zehn Prozent Zinsen, was sich herumsprach. Die Menschen strömten herbei, nach Adele Spitzeders Erinnerungen *Geschichte meines Lebens* waren es »Tausende(n), welche so viel persönliches Zutrauen zu mir faßten, ohne jedwede Sicherheit oder Deckung Geld darzuleihen«. Adele Spitzeder bezeichnete sich nun als Pri-

Adele Spitzeder, um 1873

vatière, zog in ein Palais in der Schönfeldstraße 9 und hielt hof. Mit schlauem Kalkül machte sie sich beim Volk beliebt, bei Spazierfahrten erwies sie sich als sehr großzügig, spendierte Freibier und gab reichlich Trinkgeld. Für 92 000 Gulden erwarb sie am Platzl zwei Häuser und richtete hier ihre Volksküche ein. »Mit Speck fängt man Mäuse«, kommentierte eine Zeitung bissig.

Vor allem Bauern aus der Dachauer Gegend waren es, die ihre Höfe verkauften und von einem sorgenfreien und bequemen Leben von den Zinsen der Spitzeder träumten. Zwar warnten einige Zeitungen vor den Geschäften der Adele Spitzeder, doch stand die breite Masse hinter ihr. So kann die Bühnenfigur der Adele bei Martin Sperr sagen: »Alle möchtens mir Schwierigkeiten machen, weil ich die Stärkste bin im Bankgewerbe. Und das halten die Herren nicht aus, daß eine Frau besser ist wie sie. Aber mir kann keiner was tun, weil: meine Kunden halten zu mir.« Obwohl die Spitzeder ein reichlich unkonventionelles Leben führte, Zigarren rauchte und die Gesellschaft von jungen, hübschen Mädchen schätzte, war ihre Popularität ungebrochen. Und sie hatte hochfliegende Pläne, etwa den Bau einer Rennbahn in Nymphenburg, einer Weinhalle und Wohnanlage in Haidhausen, eines Vaudeville-Theaters im Westend. Doch kam es nicht zur Realisierung: Ihr »Sturz« machte alle Projekte zunichte. Die Behörden nämlich, denen ihre Geldgeschäfte schon lange suspekt waren, fanden nach langen Mühen im November 1872 40 Gläubiger, die bereit waren, gemeinsam ihre Forderungen zu stellen. Natürlich konnte die Spitzeder nicht alle ausbezahlen. Acht Millionen Gulden fehlten, ihre »Dachauer Bank«, wie das Unternehmen im Volksmund hieß, war pleite. Der Fall kam vor Gericht, der Staatsanwalt sprach von Massenraub, ihr Verteidiger davon, daß Dummheit keinen Rechtsschutz in Anspruch nehmen könne. Nach der Urteilsverkündung – drei Jahre Zuchthaus wegen einfachen und betrügerischen Bankrotts – fiel Adele Spitzeder erst einmal in Ohnmacht. Doch obgleich sie ganze Gemeinden in den finanziellen Ruin getrieben hatte, mancher Gläubiger sich erschoß oder den Strick nahm, glaubten einige noch immer fest daran, daß nur der Zugriff der Behörden den Bankrott verursacht habe. Nach der Entlassung aus dem Gefängnis entdeckte die Spitzeder ihre musikalische Ader. 77 Kompositionen, darunter eine Operette, entstanden bis zu ihrem Tod 1895. Adele Spitzeder liegt auf dem Alten Südfriedhof begraben.

Rechts geht der Weg vom Platzl ab in die Pfisterstraße mit schönen alten Häusern und führt zur ersten Wittelsbacher Residenz

❺ Alter Hof

Herzog Ludwig der Strenge ließ den Alten Hof 1255 am Rand der Altstadt errichten. Die erste Hausherrin war Maria von Brabant, die ihr Ehemann, Herzog Ludwig der Strenge, aus unbegründeter Eifersucht 1258 ermorden ließ. Als er sein Unrecht einsah, grün-

Maria von Brabant (Mitte) und Anna von Glogau (re.), die Frauen Herzog Ludwigs. Gemälde, um 1600

dete er zum Zeichen seiner Sühne das Zisterzienserkloster Fürstenfeldbruck. *Sie lassen nun den Alten Hof links liegen und stoßen auf die Residenzstraße, in die Sie rechts einbiegen. Sie mündet auf den Max-Joseph-Platz mit der Residenz. Die Architektur dieses Platzes stammt aus dem 19. Jahrhundert. In den vorangegangenen Jahrhunderten standen hier dicht gedrängt ein Franziskanerkloster und an der Ecke zur Perusastraße der wohl berühmteste Beginenhof Münchens, das*

❻ Pütrichkloster

Die Anfänge des Beginenhauses reichen in das Jahr 1284 zurück, als sich hier eine Gruppe von Frauen niederließ. Sie stammten aus dem Patriziat und ländlichen Adel und schlossen sich zu einer freien Gemeinschaft zusammen, die sich der Armut und Seelsorge verschrieb. Sie kleideten sich in ungefärbte rohe Wollkleider, lebten zurückgezogen in einem einfachen Haus und suchten durch Gebet, innere Versenkung und Askese Gottes-

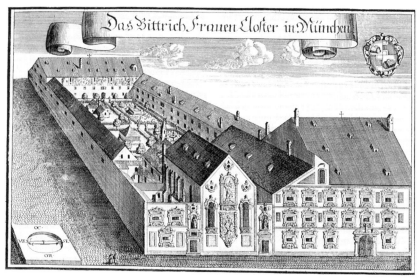

Pütrichkloster. Kupferstich von Michael Wening, 1701

nähe. Den geringen Unterhalt, den sie für ihr bedürfnisloses Leben brauchten, erarbeiteten sie durch karitative Tätigkeit. Als Pflegerinnen wurden sie zu Kranken, als Gottesfürchtige an Sterbebetten gerufen, wo sie sangen und beteten. Wegen ihrer Sterbehilfe hießen sie auch »Klageweiber«. In der mittelalterlichen Ständegesellschaft, in der Frauen nur der Weg in die Ehe mit einem fremden, oft ungeliebten Mann oder in ein von Unterordnung bestimmtes Klosterleben blieb, war das Beginentum eine Möglichkeit, ein selbstbestimmtes und sinnerfülltes Leben zu führen.

1340 entschloß sich die reiche Patrizierfamilie Pütrich, das Beginenhaus zu erwerben und anschließend zu stiften. Die »Seelschwestern vom Pütrichhaus«, wie sie nun hießen, lebten zweihundert Jahre unbehelligt, ohne anerkannte Regel, ohne Gelübde. Ihr karitatives Wirken wurde in der Stadt sehr geschätzt. Doch gerieten sie am Ende des 15. Jahrhunderts unter den Druck Herzog Albrechts, der die Gemeinschaft den Franziskanern unterstellen wollte. Die Beginen wehrten sich vergeblich. 1484 setzte Albrecht die Unterordnung durch, woraufhin der Konvent geschlossen München verließ.

Der Auszug der Frauen bedeutete einen Bruch in der Geschichte des Pütrichklosters, das nun Franziskanerinnen aufnahm und zunehmend unter den Einfluß des benachbarten Wittelsbacher Hofs geriet. Der neue Konvent wurde von Clara Loder angeführt, einer Vertrauten der Herzogin Kunigunde (1465-1520). Diese war bei den Franziskanerinnen häufig zu Gast, bat, im Gewand des Ordens begraben und in die Totengebete der Schwestern aufgenommen zu werden. Doch es kam anders. Als Herzog Albrecht 1508 starb, entschloß sie sich überraschend, ihren aufwendigen Hofstaat gegen das Gewand der Franziskanerinnen einzutauschen, und trat in das Pütrichkloster ein. Allerdings wollte sie ihr standesgemäßes Leben nicht ganz aufgeben, beschränkte sich aber darauf, »nur« zwei Zofen zu behalten. Das Kloster wurde nun großräumig und aufwendig ausgebaut.

Ende des 17. Jahrhunderts nahmen die Gebäude und der gepflegte Garten im Inneren das ganze Geviert entlang der Perusastraße bis zur Theatinerstraße ein. Töchter aus dem hohen höfischen Adel bildeten nun den Konvent, Herzoginnen und Kurprinzessinnen gingen im Kloster ein und aus. Die adligen Nonnen kannten die Interessen ihrer Väter und Brüder und beteten für Kriegsglück und für das Heil der Regierung. Die Prozessionen, die im 17. und 18. Jahrhundert durch die Münchner Altstadt zogen, machten am Pütrichkloster halt und ließen sich den Segen geben.

Der Niedergang des Klosters setzte im 18. Jahrhundert ein, der Konvent schrumpfte, und schließlich wurde das Kloster 1802 aufgelöst. Wo einst ein Geist von Frömmigkeit und äußerster Entsagung herrschte, werden heute Edelkollektionen zur Schau gestellt.

Auf der gegenüberliegenden Seite des Platzes erhebt sich die Front des Nationaltheaters.

❼ Nationaltheater (Oper)

Das Königliche Hof- und Nationaltheater wurde 1818 eröffnet, aber bereits vier Jahre später ein Raub der Flammen. Mit dem Wiederaufbau beauftragte König Max I. Joseph den Architekten Leo von Klenze, der das Gebäude 1825 vollendet hat.

Seit den sechziger Jahren war die Münchner Oper eine der wichtigsten Wagner-Bühnen Deutschlands. Damals wurden Hans von Bülow und kurz darauf Hermann Levi verpflichtet, und der junge König Ludwig II. holte Richard Wagner persönlich nach München. Zwischen 1865 und 1870 wurden hier vier Wagner-Opern uraufgeführt, die Werke des großen Komponisten beherrschten den Spiel-

Berta Morena als Brünhilde

plan. Die Sopranpartien übernahm meistens Therese Vogl, die als Wagner-Interpretin ihrer Zeit unübertroffen blieb. In der Uraufführung der *Walküre* 1870 sang sie die Sieglinde und glänzte mit ihrem Mann in *Tristan und Isolde*. »...ich erinnere mich kaum, je einen solchen Eindruck von einer ›dramatischen‹ Sängerin gehabt zu haben«, berichtet ein Zeitgenosse. Die Jahrhundertwende brachte eine neue, junge Generation auf die Bühne. Gerade 20jährig, debütierte Berta Morena 1898 am Hoftheater als Agathe in Carl Maria von Webers *Freischütz*. Der Maler Franz von Lenbach hatte die wegen ihrer Schönheit bewunderte Morena zum Gesangsstudium überreden können, und schon bald entwickelte sich die Sopranistin zur hochdramatischen Wagner-Interpretin. Nur drei Jahre älter war Hermine Bosetti, die 1901 ein Engagement am Hoftheater annahm. Der virtuosen Koloraturstimme der Bosetti lagen die schwierigen Partien der Zerbinietta aus Richard Strauss' *Ariadne auf Naxos* besonders gut. Lange blieb sie in dieser Rolle einzigartig.

1904 folgte die gerade 25jährige Sopranistin Zdenka Faßbender einem Ruf nach München und machte sich als *Elektra* in der gleichnamigen Oper von Richard Strauss und als Wagner-Sängerin einen bleibenden Namen. Sie war die Geliebte des Dirigenten Felix Mottl. Während einer *Tristan*-Aufführung 1911, in der die Faßbender die Isolde sang, brach Mottl am Dirigentenpult zusammen. Auf dem Sterbebett heiratete er die geliebte Künstlerin. Unter Bruno Walter wurde am

Zdenka Faßbender als Walküre

Hoftheater 1917 Franz Pfitzners Oper *Palestrina* uraufgeführt, in der Maria Ivogün den Part des Ighino übernahm. Auch die technisch schwierigen Koloraturen der Königin der Nacht in Mozarts *Zauberflöte* oder der Zerbinietta sang sie in vollendeter Schönheit und war ebenso als Lehrerin begehrt. Zu ihren Schülerinnen zählten unter anderen Elisabeth Schwarzkopf oder Rita Streich.

Das Publikum aber liebte besonders Hedwig Fichtmüller, die als Altistin ein breites Repertoire beherrschte und auf der Bühne originell und komisch

sein konnte. Wegen ihrer tiefen Stimme wurde sie mit »Herr Fichtmüller« angeredet. Nach der Bühnenkarriere machte sie sich als Professorin der Musikhochschule verdient. Neben ihr war in den zwanziger und dreißiger Jahren Hildegarde Ranczak der Star der Münchner Oper. Ihre politische Haltung in dieser Zeit führte nach 1945 zum Berufsverbot.
Im Zweiten Weltkrieg wurde die Oper zerstört. Nach dem Wiederaufbau kam ein neues Ensemble mit einer Reihe glänzender Namen wie Ingrid Bjoner, Astrid Varnay, Annelies Kupper, Erika Köth, Lilian Benningsen, Marianne Schech oder Brigitte Faßbaender, die teilweise nur vorübergehend, teilweise lange blieben und dazu beitrugen, daß die Münchner Opernkultur bis heute einen hervorragenden Ruf besitzt.

Links neben der Oper sehen Sie das Neue Residenztheater. Daran schließt sich ein Flügel der Residenz an. Heute nutzt einige Räume die

❽ Akademie der Schönen Künste

Ihr gehören Literaten, Maler, Architekten, Schauspieler und Musiker an, die sich in ihrem Bereich besonders hervorgetan haben. Zu den gewählten Mitgliedern zählen nur wenige Künstlerinnen und Schriftstellerinnen.
Einer der prominenten Präsidenten war der Philosoph Friedrich Wilhelm Joseph Schelling, der mit seiner Frau Caroline Schlegel-Schelling (1763-1809) seit 1806 in München lebte. Diese war eine der faszinierendsten

Caroline Schlegel-Schelling

Frauenpersönlichkeiten ihrer Zeit, Vorkämpferin für humanistische Ideale und eine politisch liberal Staatsverfassung sowie Mittelpunkt frühromantischer Zirkel. Ihr Verstand und ihr außergewöhnlich lebendiges Wesen zogen nicht nur den um Jahre jüngeren Schelling, sondern vor diesem andere an wie August Wilhelm Schlegel, mit dem sie zwischen 1796 und 1803 verheiratet war, oder den Schriftsteller Georg Forster. Caroline Schlegel-Schelling empfand München als »eine ganz andere Welt, dergleichen ich noch nicht gesehn, nicht von Seiten der Natur..., aber der Menschen...«

Sie überqueren den Max-Joseph-Platz und gehen die Residenzstraße entlang, bis Sie auf der rechten Seite durch den Toreingang die Wittelsbacher Resi-

denz, das größte Stadtschloß der deutschen Renaissance, betreten.

❾ Residenz

Im Inneren tun sich stille Höfe mit kunstvollen Brunnen auf, Schatzkammern und luxuriöse Wohnkultur, Festsäle und Galerien sind zu besichtigen. Die Vielfältigkeit ist beeindruckend: Renaissancearchitektur im *Antiquarium*, Manierismus im *Grottenhof*, Höhepunkte des Rokoko in den *Reichen Zimmern* und der *Grünen Galerie* von François Cuvilliés, Klassizismus in den Zimmerfluchten König Ludwigs I.

Im Raum 68 liegt das *Herzkabinett*, das die auf Repräsentation bedachte Kurfürstin Adelaide von Savoyen (vgl. S. 62ff.) 1669 ausmalen ließ. Die literarisch Gebildete hatte, von dem Roman *Clélie* der Madame de Scudéry angeregt, die Wände und Decken mit Darstellungen zum »Kult des Herzens« und den »Wegen der irdischen Liebe« ausschmücken lassen. Schlaf-, Musik- und Empfangszimmer der Prinzessin Charlotte Auguste, Tochter des Königs Max I. Joseph und später Gemahlin Kaiser Franz I. von Österreich, befinden sich in den Sälen 39-41.

Sie können die eindrucksvolle Ausdehnung der Residenz ermessen, wenn Sie durch den Kapellen-, Brunnen-, Apotheken- und Kaiserhof gehen. Dabei kommen Sie auf dem Apothekenhof am alten Cuvilliés-Theater, einem bezaubernden Rokokotheater, vorbei.

Sie verlassen die Residenz durch den Hinterausgang an der Nordseite des Kaiserhofs. Der Blick fällt auf postmoderne Herrschaftsarchitektur: In voller Breite präsentiert sich die Bayerische Staatskanzlei. Davor liegt der Hofgarten, den Sie jetzt betreten. Er wird nördlich von einem Arkadengang abgeschlossen, unter dem sich Galerien und der Münchner Kunstverein mit wechselnden Ausstellungen moderner Künstler befinden. Hier ist auch das

❿ Deutsche Theatermuseum
Galeriestraße 4a

Das Deutsche Theatermuseum geht auf eine Stiftung der Königlich Bayerischen Hofschauspielerin Clara Ziegler

Clara Ziegler an ihrem 60. Geburtstag, 1904

(1844-1909) zurück, die Ende des 19. Jahrhunderts die wohl berühmteste deutsche Schauspielerin war. Mit allen bekannt, die die europäische Theater- und Musikwelt ihrer Zeit prägten, hinterließ die gebürtige Münchnerin eine reiche Sammlung von Briefen, Künstlerporträts und Programmheften, die zur Grundlage einer einmaligen Stiftung zur deutschen Theatergeschichte von der Vergangenheit bis in die Gegenwart wurde. Das Theatermuseum, zu dem eine große Bibliothek und ein Archiv gehören, hat seit 1953 seinen Sitz im Hofgarten. Es befand sich früher in der Königinstraße am Englischen Garten in der Villa Clara Zieglers, die 1944 zerstört wurde.

Café Annast, um 1930

Sie gehen nun weiter bis zum Ende des Arkadengangs, wo ein kleiner Durchgang den Hofgarten mit der Galeriestraße verbindet. Auf der Galeriestraße halten Sie sich links und gelangen nach wenigen Metern zum Odeonsplatz. Wieder links kommen Sie an dem »Bazargebäude« Leo von Klenzes vorbei, das den Hofgarten zum Odeonsplatz abschließt. Das Eckgebäude beherbergt das berühmte

⓫ Café Annast
Odeonsplatz 18
Der Italiener Sarti eröffnete Ende des 18. Jahrhunderts das erste Nobelcafé der Stadt. Nach seinem Tod 1796 führte seine ehemalige Haushälterin Aloysia Lampert das Unternehmen 12 Jahre lang erfolgreich weiter, bis sie es für 13 000 Gulden an Johann Nepomuk Schuster und seine Verlobte Nannette Keil, Kammerdienerin der Kurfürstinwitwe Maria Leopoldine, verkaufte. Als Schuster in Geldverlegenheit geriet, agierte Nannette als Vermittlerin und schanzte ihrer Herrin, der Kurfürstinwitwe, die auch an der Börse spekulierte, das Kaffeehaus zu. Maria Leopoldine verpachtete es ihrerseits Luigi Tambosi, und jahrelang gingen die Münchnerinnen und Münchner »zum Tambosi«, wenn sie sich mit feinsten Kuchen, Kaffeespezialitäten und Schokoladen verwöhnen lassen wollten. »Gibt man ein Rendezvous, so bestellt man sich zu Tambosi im Hofgarten«, war ein geflügeltes Wort.
Tambosi blieb eine Einrichtung, auch als in den zwanziger Jahren des 19. Jahrhunderts das alte Gebäude abgerissen und das Hofgarten-Café im neuerbauten Bazargebäude untergebracht wurde. Seit 1920 heißt es Café Annast.
Sie wechseln auf die gegenüberliegende Seite des Platzes und kommen zur

Odeonsplatz mit Theatinerkirche und Feldherrnhalle.
Stahlstich, um 1870

⑫ Theatinerkirche

Die Theatinerkirche ist eine der mächtigsten und prachtvollsten Barockkirchen Münchens. Die kunstliebende Kurfürstin Henriette Adelaide von Savoyen (1636-1676) ließ sie Mitte des 17. Jahrhunderts erbauen und löste damit ein Gelübde ein. Sie hatte geschworen, anläßlich der Geburt eines Sohnes eine Kirche zu stiften.

Die Turinerin Henriette Adelaide wurde als Kind dem ältesten Sohn des bayerischen Kurfürsten, Ferdinand Maria, versprochen. Als die Heirat im Mai 1650 vereinbart wurde, waren die Betroffenen, die sich noch nie gesehen hatten, dreizehn Jahre alt und sprachen verschiedene Sprachen. Zwei Jahre später standen sich die Eheleute zum erstenmal gegenüber. Henriette fand Ferdinand zwar schöner als sein Porträt, doch behielt sie die Hochzeitsnacht nicht in glücklicher Erinnerung. In Briefen an ihre Mutter monierte sie, daß Ferdinand Maria sich schlecht hielt, unschöne Grimassen schnitt, schlecht sah, und gestand: »Ich übe mich in Geduld und bete nur zu Gott, daß er mein Herz gnädig wandeln möge und daß ich meinen Gemahl lieben könnte.« Mit der Zeit fand sich die verwöhnte Henriette, deren Schönheit, Anmut und Esprit weithin gerühmt wurden, in ihr Schicksal.

Da die Ehe zunächst kinderlos blieb, gelobte das Ehepaar im siebten Ehejahr, bei Geburt eines Erben eine Kirche zu erbauen. Henriette schloß noch ein zweites Gelübde an und versprach die Einführung des ihr aus Turin wohlvertrauten Ordens der Theatiner. Im November 1660 konnte sie endlich ihr erstes Kind, ein Mädchen, in die

Arme schließen, der Thronerbe Max Emanuel wurde im Herbst 1662 geboren. Hochschwanger ließ die Fürstin bereits im Sommer 1662 mehrere Häuser in der (späteren) Theatinerstraße aufkaufen und abreißen, denn hier sollte die schönste Kirche der Stadt entstehen. Natürlich wurde ein italienischer Architekt berufen. Allerdings unterlief diesem ein peinliches Mißgeschick: Er verwechselte zwei Maßeinheiten, und ohne die architektonischen Kenntnisse eines findigen Theatinerpaters wäre die Kirche wohl in sich zusammengestürzt.

Kurfürstin Henriette Adelaide setzte die von Italien und vom französischen Hof inspirierte Zeit barocker Lustbarkeit auch am Hof in Szene. Ab 1664 ließ sie ihre Zimmerflucht in der Residenz ausgestalten (vgl. S. 60). Ihrer Vorliebe für Feste, Vergnügungen und

Kurfürstin Henriette Adelaide von Savoyen mit ihrem Mann Ferdinand Maria. Gemälde von Sebastino Bombelli, 1666

Prachtentfaltung und Ferdinand Marias Vorliebe für das nasse Element ist der Bau des Prachtschiffs Buzentaur oder Bucintoro zu verdanken, das der Galeere des venezianischen Dogen nachempfunden war. Wenn der Hof sich in der Folgezeit auf dem Starnberger See vergnügte, waren oft mehr als 2000 Personen auf dem Wasser. Weder Musiker noch Köche durften fehlen.

Die Savoyerin führte einen der glanzvollsten Höfe Europas, schätzte elegante Konversation, italienische und französische Literatur, trat selbst im Ballett als Solotänzerin auf, spielte Harfe und sang zur Laute. Großen Wert legte sie auf die Erziehung ihrer Kinder und brachte vor allem dem Thronerben Wissenschaften und Künste nahe. Neben diesem schöngeistigen Interesse widmete sie sich mit Vorliebe der Politik. Nach dem Tod ihrer Schwiegermutter konnte sie an den Sitzungen des Geheimen Rats teilnehmen. Sie durfte zwar nicht mit abstimmen, hatte aber das Recht zur Meinungsäußerung, das sie im Sinne einer frankreichfreundlichen Politik nutzte.

Doch war sie nicht nur weltlichen Dingen zugewandt. Die »fromme Henriette«, der die Vorherrschaft der Jesuiten mißfiel, gründete für die weiblichen Mitglieder des bayerischen Adels die marianische Kongregation der Sklavinnen oder Leibeigenen Dienerinnen Mariens, deren Priorin sie wurde.

Mitte der siebziger Jahre wurde ihre ohnehin schwache Konstitution immer labiler. 1676 starb sie im Alter von 39 Jahren und wurde in einem Zinnsarg in der Gruft der Theatinerkirche beigesetzt.

Von der ehemaligen Hofkirche führt der Weg über die Theatinerstraße zurück in die Innenstadt. Gleich rechts biegt die Salvatorstraße ab. Auf der rechten Seite stand das

⓭ Geburtshaus von Nanette Kaula (heute Kultusministerium) Salvatorstraße 2

Nanette Kaula (1812-1876), Tochter aus einer angesehenen jüdischen Patrizierfamilie, war in der ganzen Stadt als »schönste Jüdin von München«

Nanette Kaula. Gemälde von Joseph Stieler, 1829

oder die »schönste Nanni« bekannt. König Ludwig I. war von ihr so angetan, daß er sie für seine Schönheitengalerie porträtieren ließ (vgl. S. 12 ff.). Später jedoch mochte er sich nicht mehr an sie erinnern. Als Nanette Kaula nämlich, immer noch schön, in reifem Alter dem König begegnete und auf ihn zutrat, fragte dieser: »Wer sind Sie?« – »Majestät hatte die Gnade, mich malen zu lassen«, erwiderte sie, worauf Ludwig nur antwortete: »Tät's nimmer, tät's nimmer.«
Zurück auf der Theatinerstraße, gehen Sie weiter stadteinwärts bis zur Ecke Maffeistraße. Anfang des Jahrhunderts befand sich hier die

⓮ Moderne Galerie Thannhauser
Theatinerstraße 7

Der jüdische Galerist Thannhauser machte sich neben Hans Goltz, der seine Kunsthandlung in der Briennerstraße unterhielt, um die junge avantgardistische Kunst der Jahrhundertwende besonders verdient. In den Räumen seiner Galerie wurden 1909 und 1911 erstmals Bilder der von Kandinsky gegründeten *Neuen Künstlervereinigung* und der Gruppe *Der Blaue Reiter*, eine Abspaltung der Neuen Künstlervereinigung, gezeigt. Unter den bei Thannhauser ausgestellten Werken waren die Bilder von Gabriele Münter und Wassilij Kandinsky, Marianne Werefkin und Alexej Jawlensky sowie von Franz Marc, Erma Bossi und anderen zu sehen. Die konservative Münchner Öffentlichkeit reagierte auf die expressionistische, ihren Sehgewohnheiten fremde Malweise mit Ablehnung und Empörung. Es kam zu lautem Protest, Bilder wurden bespuckt. Auch Käthe Kollwitz stellte später bei Tannhauser aus.
Sie biegen in die Maffeistraße ab und kommen zur Kardinal-Faulhaber-Straße. In dem alten Stadtteil Kreuzviertel, durch das der weitere Spaziergang führt, stehen auf engem Raum eine Vielzahl der reichen und eindrucksvollen Adelspalais, die früher die Innenstadt prägten. Das erste Palais, das ins Auge fällt, liegt auf der rechten Seite. Es handelt sich um das

⓯ Palais Portia
Kardinal-Faulhaber-Straße 14

Maria Anna Katharina Gräfin Fugger hatte den vormaligen Adelssitz der Familie Fugger-Kirchberg 1693 erbauen lassen. Kurfürst Karl Albrecht erwarb ihn 1731 und schenkte ihn seiner damaligen Geliebten Maria Josepha Hyacintha Freiin Topor-Morawitzky, der späteren Fürstin Portia. Das Gebäude ließ der Frauenliebhaber Karl Albrecht, dem mehr als 50 illegitime Kinder nachgesagt werden, von seinem Baumeister François Cuvilliés umbauen. Die Appartements wurden fast so luxuriös wie die *Reichen Zimmer* in der Residenz ausgestattet. In dem originalgetreu wiederaufgebauten Palais können Sie noch heute im Balkongitter die goldenen Initialen der Fürstin sehen.
Ein Stück weiter vorn liegt ein anderes von Cuvilliés errichtetes Stadtpalais, das

**⓰ Holnsteinpalais
Kardinal-Faulhaber-Straße 7**
Auch der Plan zu diesem Bau entstand aus höfischer Galanterie. Aus der Beziehung zwischen Sophie von Ingenheim und Karl Albrecht ging 1723 ein illegitimer Sohn hervor, für den der Vater dieses Palais erbauen ließ. Das kurfürstliche Wappen im Giebel mit dem roten »Bastardbalken« erinnert noch heute an dieses »natürliche« Kind. Der einzige vollständig erhaltene Adelspalast in München ist seit 1818 Sitz der Erzbischöfe von München und Freising.

Der Weg führt weiter zum Salvatorplatz. Hinter der Kirche, die Sie schon von weitem sehen, strömten die Musikfreunde einst in das

**⓱ Erste Münchner Opernhaus
(ehemals Am Salvatorplatz)**
Das Opernhaus wurde 1662 als erstes freistehendes Opernhaus Deutschlands eröffnet. In diese Zeit fiel auch die erste Blütezeit des Münchner Musiklebens, als Kurfürstin Adelaide von Savoyen (vgl. S. 62 ff.) namhafte Musiker aus Italien nach München rief. Zur langersehnten Geburt des Kur-

Opernhaus am Salvatorplatz, Zuschauerraum.
Stich von Michael Wening, um 1700

prinzen Max Emanuel wurde ein »Churfürstlich baierisches Freudenfest« gegeben, ein mehrtägiges »theatralisches Ereignis«, wie es München noch nicht gesehen hatte.
Seither wurde das höfische Musikleben in aufwendiger Form gepflegt. Kurfürst Karl Albrecht scheute keine Mittel, um berühmte Sänger an seinen Hof zu holen, unter ihnen die hochangesehene Sopranistin Faustina Bordoni. Die Münchner Metzgerstochter Rosina Schwarzmann (ca. 1710-1755) ließ er von einem italienischen Lehrer ausbilden. Ihr Gesang war so virtuos, daß die zur kurfürstlichen Kammersängerin bestellte Schwarzmann überall in Europa als »Rosa Bavarese« gefeiert wurde. Wegen Baufälligkeit mußte das Opernhaus 1799 abgerissen werden.

Im Mittelalter gingen übrigens die »Sternfrauen« am Salvatorplatz ihrer Arbeit nach. Sie lebten in einem 1371 erstmals nachweisbaren Haus (Hausnummer kann heute nicht mehr ermittelt werden), dem ältesten Bordell Münchens.

Sie gehen auf der Kardinal-Faulhaber-Straße zurück bis zur Prannerstraße, die rechts abbiegt. Die Prannerstraße ist ebenfalls mit mächtigen Palais bebaut. Links liegen das Palais Seinsheim und das Palais Gise, am Ende der Straße, auf der rechten Seite, hat die Firma Siemens ein Museum eingerichtet. Es entstand auf dem Ruinengrundstück des Landtagsgebäudes, das im Zweiten Weltkrieg total zerstört wurde.

⓲ Ehemaliger Landtag, heute Siemens-Museum Prannerstraße 10

Der Komplex diente seit 1819 der Ständeversammlung und von 1849 bis zu seiner Aufhebung 1933 dem Bayerischen Landtag. Als am 7. November 1918 in Bayern die Revolution ausbrach, rief noch in derselben Nacht Kurt Eisner hier im Sitzungssaal der Abgeordnetenkammer den Freistaat Bayern und das Wahlrecht für Frauen aus. Die Frauenrechtlerin und Pazifistin Lida Gustava Heymann (1868-1934), die mit Anita Augspurg (1857-1943) vor dem Krieg den Bayerischen Verband für Frauenstimmrecht gegründet hatte, berichtet: »Diese Botschaft traf mich in Hamburg am frühen Morgen des 8. Novembers. Bald meldete mein Telefon: ›Hier München.‹ Freudeselig klang Anitas vertraute Stimme: ›Bayern Republik! Kurt Eisner hat das Wahlrecht der Frauen für Bayern proklamiert. Deutschland muß folgen.‹«
Die nächsten Monate erschienen Heymann als »schöner Traum«, engagiert arbeiteten die beiden parteilosen Frauen (Augspurg als Mitglied) im Provisorischen Nationalrat mit, um sich »helfend am Aufbau einer besseren Gemeinschaft zu betätigen«. In dem Notparlament mit 256 Sitzen waren allerdings nur acht Frauen vertreten, unter ihnen Luise Kiesselbach, die 1920 als eine der ersten Frauen dem Stadtrat für die Deutsche Demokratische Partei angehörte. Die erste Rednerin im Bayerischen Landtag, Dr. Rosa Kempf, Studiendirektorin und Vertreterin des Hauptverbandes

Verband Fortschrittlicher Frauenvereine im Reichstag, 1901.
Sitzend: Lida Gustava Heymann (li.) und Anita Augspurg (Mitte)

Bayerischer Frauenvereine, wies im Dezember 1918 dann auch sogleich auf das krasse Mißverhältnis hin: »Wenn wir uns in diesem Saal umsehen, dann werden Sie vergeblich die gleichberechtigte Beteiligung der Frau suchen.« Und die Sozialdemokratin Hedwig Kämpfer betonte in ihrem Redebeitrag, »daß Fraueninteressen nicht nur für Frauen allein vorhanden sind, sondern daß Fraueninteressen Volksinteressen im tiefsten Sinne des Wortes bedeuten«.

Der so freudig begrüßte politische Umsturz bedeutete jedoch kein neues Geschlechterverständnis, wie die Politikerinnen bald erfahren mußten. Als Toni Pfülf (1877-1933), seit 1902 Mitglied der SPD und spätere Reichstagsabgeordnete, auf einer Sitzung des Arbeiter- und Soldatenrates »uneingeladen« erschien, forderte sie Erich Mühsam zum Gehen auf. Anita Augspurg und Lida Gustava Heymann sollten sogar auf einer der Sitzungen daran gehindert werden, ihren Antrag auf die Einrichtung von Frauenräten zu verlesen, was aber an der Hartnäckigkeit der Damen scheiterte. Auch die junge Gertrud Baer, die das im Februar 1919 eingerichtete Referat für Frauenrecht leitete, hatte »alsbald

auf ihrem Posten schwer zu kämpfen«. Bereits an Ostern wurde das Referat wieder aufgelöst.
Die ersten Wahlen im Januar 1919, zu denen Frauen an die Urne gehen durften, brachten den Frauenrechtlerinnen eine große Enttäuschung: Nur sechs Frauen, unter ihnen Rosa Kempf, zogen in den Bayerischen Landtag ein; die der USPD nahestehende Anita Augspurg wurde nicht gewählt. Hingegen erhielt die Mitbegründerin der Bayerischen Volkspartei Ellen Amann (1870-1932) ein Mandat, das sie bis zu ihrem Tod behielt. Die Initiatorin der katholischen Bahnhofsmission und Gründerin des katholischen Frauenbundes in Bayern scheute, so ihre

Antonie Pfülf
in den zwanziger Jahren

Wahlplakat für Anita Augspurg

Biographin Amelie von Godin, auch nicht »vor dem Kampfe mit den Parteigenossen« zurück, wenn es galt, für die Gleichberechtigung der Frau einzutreten. Ende der zwanziger Jahre erkannte sie aber enttäuscht, daß ihren Parteifreunden gar nicht an einer »dem Zahlenverhältnis ihrer weiblichen Wählerschaft entsprechende(n) Vertretung der Frauen in ihren Reihen« gelegen war.
Die zwanziger Jahre brachten ein Erstarken der NSDAP unter der Führung Hitlers. Zu seinen entschiedenen Gegnerinnen gehörten Augspurg und Heymann, die mit mehreren Frauen beim bayerischen Innenminister Dr. Schweyer vorstellig wurden, ihm »geistige Daumenschrauben« anlegten und die Ausweisung Hitlers verlangten. Am Scheitern des Hitlerputsches 1923 war Ellen Amann we-

sentlich beteiligt. Sie veranlaßte, daß sich gefährdete Personen in Sicherheit bringen konnten »und daß Reichswehrtruppen von Würzburg nach München beordert« wurden. Nach der Machtergreifung ließen die Nationalsozialisten dann auch sofort ihre Biographie einstampfen.

Anita Augspurg und Lida Gustava Heymann kehrten 1933 von einer Auslandsreise nicht mehr nach München zurück, ihr Vermögen wurde beschlagnahmt. Die bei den Reichtagswahlen am 5. März wiedergewählte Sozialdemokratin Toni Pfülf wurde vorübergehend verhaftet. Als es ihr nicht gelang, Mitte März ihre Fraktion zu einem Boykott der Abstimmung von Hitlers »Friedensresolution« zu bringen, beging sie Selbstmord. Den Text ihrer Todesanzeige legte sie selbst fest: »Sie ging mit dem sicheren Wissen von dem Sieg der großen Sache des Proletariats, der sie dienen durfte.«

Durch den Torbogen am Ende der Straße werden Sie aus der Stille in den Lärm der Großstadt entlassen, der auf dem Maximiliansplatz herrscht. Sie überqueren die vielbefahrene Straße und gehen auf der kleinen Parkinsel links in Richtung Lenbachplatz. Am Ende treffen Sie auf den Wittelsbacher Brunnen, vor dem sich der Lenbachplatz mit seinen riesigen Nutz- und Repräsentationsbauten öffnet. Die junge Schriftstellerin Oda Schäfer »spürte (hier) doppelt (ihre) leere Börse angesichts der Behäbigkeit dieser Architektur«. Vom Wittelsbacher Brunnen gehen Sie zum Künstlerhaus (heute ein Café), biegen links in die Maxburgstraße und gleich wieder rechts in die Herzog-Max-Straße ein. Auf der linken Straßenseite erinnert ein Gedenkstein an die

⓳ Münchner Hauptsynagoge (ehemals Herzog-Max-Straße 7)

Die 1887 geweihte Synagoge wurde auf ausdrücklichen Führerbefehl als erste im Reich am 9. Juni 1938 abgerissen. Danach begann die systematische »Entjudung« der Stadt.

Seit dem Mittelalter lebten jüdische Familien in München, die sich am Handel beteiligten, in Krisenzeiten aber aus der Stadt vertrieben wurden. Erst im 19. Jahrhundert bildete sich eine geduldete und seit 1813 rechtlich anerkannte jüdische Gemeinde, die von kaum mehr als 200 Personen um 1800 auf ca. 11 000 im Jahr 1910 anwuchs.

Zu den jüdischen Künstlerinnen, die am Ende des 19. und zu Beginn des 20. Jahrhunderts in München lebten, gehörte die Dramaturgin Elsa Porges-Bernstein (1866-1946), die einen vielbesuchten literarischen Salon unterhielt (vgl. S. 144 ff.). Die heute fast vergessene Schriftstellerin Carry Brachvogel (1864-1942) beschäftigte sich in mehr als 40 Romanen, Novellen und Aufsätzen mit dem Ringen der »modernen Frau« um »ein eigenes Gesetz in der Brust, ...dessen Erfüllung ihr vielleicht nicht banales Glück, gewiß aber das höchste Glück der Erdenkinder gewährt: die Persönlichkeit«. Die Bildhauerin Ilse von Twardowski (1880-1942) wurde durch das lebensgroße Denkmal von Johannes Brahms

Abbruch der Münchner Hauptsynagoge, 1938

Carry Brachvogel

Ilse von Twardowski

auf dem Wiener Zentralfriedhof aus dem Jahr 1903 berühmt. Ein außergewöhnliches Talent war auch die junge Malerin und Bühnenbildnerin Maria Luiko (1904-1941), die als 20jährige ihren ersten großen Erfolg feierte, als sie zu Werfels *Paulus unter den Juden* die Bühnendekoration schuf. Mit kräftigen grellen Farben malte sie eigentümliche, zwischen »Realismus und Innerlichkeit« stehende Bilder. An den Kammerspielen feierten Mirjam Horwitz, Elisabeth Bergner und Lilly Marschütz Erfolge, während Helene Hecht als hochbegabte Pianistin galt und Lola Kronheimer-Sinz mit einer spektakulären Uraufführung eines Werks von Karl Höller als Pianistin die Bühne des Münchner Musiklebens betrat.

Die Machtergreifung 1933 und die nachfolgende Ausgrenzung, Verfolgung und Vernichtung setzten dem Wirken dieser Frauen ein jähes Ende. Die letzten Jahre der jüdischen Gemeinde in München waren geprägt von den eindrucksvollen Bemühungen zahlreicher Gemeindemitglieder, die Not zu mildern. Viele Frauen beteiligten sich selbstlos und unter Einsatz ihres Lebens an diesem Kampf. Die Juristin Else Rosenfeld arbeitete als Fürsorgerin der Kultusgemeinde, organisierte und begleitete Kindertransporte ins Ausland und übernahm 1941 die Wirtschaftsleitung des Ghettos »Berg am Laim«. Seit 1933 führte Alice Bendix das jüdische Kinderheim, kämpfte unerschütterlich gegen die Auflösung, die 1942 gewaltsam durchgesetzt wurde. 1943 begleitete sie die Kinder nach Auschwitz. Mit ihr ging Hedwig Jacobi, die jahrelang der jüdischen Jugendfürsorge vorstand und den von ihr betreuten und nach Auschwitz deportierten Jugendlichen wie Alice Bendix in den Tod folgte. Nachdem es seit 1938 verboten war, Juden in öffentlichen Krankenhäusern zu behandeln, lastete die Krankenpflege allein auf dem Israelitischen Schwestern- und Krankenhaus. Die Leiterin, Renate Brückner, leistete in dieser Zeit Übermenschliches. Im Juni 1942 wurde die Deportation der Kranken angeordnet. Renate Brückner und die Oberschwester Hanna Berliner begleiteten den Transport bis in die Gaskammer.

Die Deportationen begannen in München im November 1941 und bedeuteten für beinahe 3000 Menschen den Tod, darunter auch für die Malerin Maria Luiko. Als am 22. Juli 1942 50 Frauen nach Theresienstadt deportiert wurden, befanden sich unter ihnen die damals 78jährige Carry Brachvogel, die acht Wochen später starb, und Elsa Porges-Bernstein. Ilse von Twardowski, an die der Deportationsbefehl auch im Juli 1942 ergangen war, entzog sich durch Selbstmord. Elsa Porges-Bernstein erfuhr in Theresienstadt von einer Münchnerin, die die traumatischen Erlebnisse durch Schreiben zu bewältigen suchte. Sie machte die Bekanntschaft dieser Frau und gewann in Gerty Spies, die später durch die Gedichtbände *Theresienstadt* und *Nachher* bekannt wurde, eine Leidensgenossin. Beide überlebten das Konzentrationslager.

Maria Luiko

Andere gingen in den Untergrund wie die Pianistin Lola Kronheimer-Sinz, die auf einem Bauernhof versteckt wurde, oder emigrierten wie Helene

Gerty Spies

Hecht und die Schauspielerin Lilly Marschütz. Von dieser stammen folgende 1957 entstandene Zeilen, die trotz des unbegreiflichen Unrechts, das an der jüdischen Gemeinde Münchens verübt wurde, voller Versöhnung sind: »In dem Land, das mich ausstieß, / wandelte ich durch die Straßen / Vergangenheit suchend... / Am Ufer der Isar jedoch / Rauschte mir in grünlichem Strom / Meine Vergangenheit, die ich suchte. / Es war wie damals – – / Schön – wie damals / Als dies Land mich noch nicht ausstieß.« Heute leben wieder ca. 4 000 Juden in München.

Der Spaziergang endet am S-Bahnhof Karlsplatz, den Sie erreichen, indem Sie die Herzog-Max-Straße bis zur Neuhauser Straße gehen.

Das Fotoatelier Elvira, um 1913

Vierter Spaziergang
»...im Blau der Isar«
Am Englischen Garten

Am Anfang des Spaziergangs werden Sie durch eine der kulturgeschichtlich interessantesten Straßen der Stadt, die Kaulbachstraße, geführt. Sie kommen in den Englischen Garten, gehen durch das Lehel und anschließend an der Isar entlang. Der Spaziergang endet am Isartor. Dabei lernen Sie sehr unterschiedliche Autorinnen und Schauspielerinnen kennen, machen Bekanntschaft mit Frauenrechtlerinnen und Hoffotografinnen, mit Erzieherinnen und Naturwissenschaftlerinnen.

Von der U-Bahn-Station Giselastraße gehen Sie in die gleichnamige Straße und biegen an der ersten Ecke rechts in die Kaulbachstraße ein. »Halb Schwabing« lebte hier um die Jahrhundertwende. Von dem einstigen Flair ist heute nur noch ansatzweise etwas zu spüren. Auf der rechten Seite, Haus Nr. 69, befand sich das

❶ Atelier von Lotte Pritzel
Kaulbachstraße 69

Die vielumworbene und begehrte Puppenmacherin Lotte Pritzel (1887-1952) war eine schillernde Figur in der Münchner Boheme. Ihre zierlichen Wachsfiguren beeindruckten Rainer Maria Rilke so sehr, daß er 1914 einen Aufsatz darüber schrieb. Die Schöpfungen Lotte Pritzels waren damals sehr gefragt. Nicht einmal Ringelnatz konnte es sich in den Jahren seines größten Erfolgs leisten, eine Puppe bei der Pritzel anfertigen zu lassen.

Die Puppenkünstlerin Lotte Pritzel

Ein Stück weiter, auf derselben Straßenseite im Haus Nr. 63, heute ein Neubau, war von 1903-1906 die

❷ Wohngemeinschaft
von Franziska zu Reventlow
Kaulbachstraße 63

In *Herrn Dames Aufzeichnungen*, die hier entstanden, schildert Franziska zu Reventlow (1871-1918) das Leben mit ihrem Sohn »Bubi«, dem Schriftsteller Franz Hessel und ihrem Geliebten Graf Such in dem berühmten »Eckhaus«, das nie an einer Ecke lag. Alle Eckhäusler hatten einen eigenen Raum, die Küche nutzten sie gemeinsam. »Mit dem, was Hessel besitzt und Such verdient, kommen wir so heraus, daß ich ganz umsonst lebe und nichts zu tun brauche, wie dem Haushalt etwas auf die Finger zu sehen«,

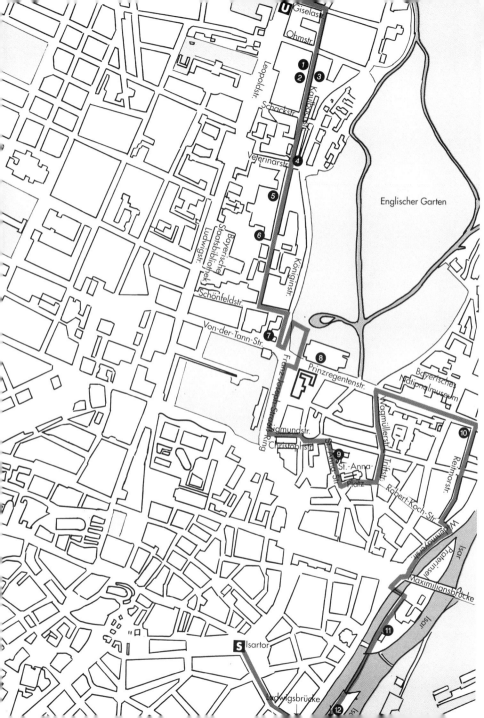

schrieb Franziska zu Reventlow über die Wohngemeinschaft, in der sie »gute Jahre« verbrachte. »Ich komme vor guter Laune noch um«, notierte sie in ihr Tagebuch.

Die »Königin von Wahnmoching« stammte aus preußisch-aristokratischem Haus. In Husum geboren, verlebte Franziska zu Reventlow eine unglückliche Kindheit. Vor allem die Mutter ließ es an Zuneigung fehlen, so daß Franziska »nur Furcht, ja Grauen« vor ihr empfand. Sie war ihrerseits aufsässig, wollte nicht »als Dekorationsgegenstand im Haus figurieren« und wurde schließlich auf ein Internat geschickt. Das »an Liebe leere Dasein« ihrer Kindheit war ein Grund dafür, daß in Franziska zu Reventlow eine »nicht sterben wollende Sehnsucht nach Liebe« wuchs. Noch nicht volljährig, begann sie in Lübeck eine platonische Liebesbeziehung mit Emanuel Fehling. Obwohl sie dem Freund ihre »unlösbare Liebe« beteuerte, ließ sie sich kurz darauf mit einem wesentlich älteren Mann ein. Als die Mutter das Verhältnis entdeckte, wurde die Tochter aus dem Haus gewiesen und in ein Pfarrhaus verbannt. Am Tag ihrer Volljährigkeit floh sie nach Hamburg zu Freunden, war endlich frei.

Sofort begann sie eine Liaison mit

Franziska zu Reventlow in der Küche ihrer Wohngemeinschaft in der Kaulbachstraße

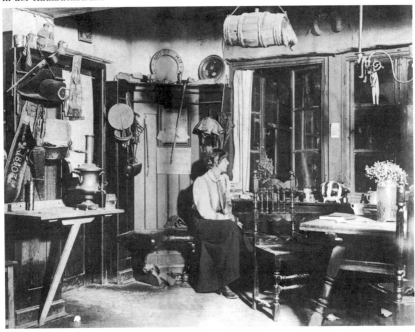

dem Rechtsassessor Walter Lübke, der ihr einen Studienaufenthalt in München finanzierte. Dort traf die 21jährige 1893 ein, nahm ein Kunststudium auf, das sie aber nur pro forma betrieb, da ihr ein zügelloses Liebesleben kaum Zeit zum Malen ließ. Die Nachricht, daß ihr Vater im Sterben lag, trieb sie zurück nach Lübeck, doch verweigerte ihr die Mutter den Zutritt zum Sterbebett – der Bruch war endgültig. Von der Verwandtschaft sprach sie fortan nur noch als einer »infamen Bande«. Wieder fand sie Zuflucht in Hamburg und heiratete, mittlerweile von einem anderen schwanger, nicht ohne Schuldgefühle Walter Lübke. Das Kind ließ sie abtreiben, sie selbst hielt es nur ein Jahr an der Seite Walter Lübkes aus, da sie nicht monogam leben konnte. »Ich liebe einen und begehre sechs andere«, vertraute sie ihrem Tagebuch an. »Ich habe soviel Liebe zu geben, warum will nur jeder sie für sich alleine haben?«

Zurück in München, begann sie ein unstetes Vagabundenleben, hin und her gerissen zwischen überschäumender Lebensfreude und tiefen Depressionen. Kaum mehr als drei Monate blieb sie in einer Wohnung: »...mein Leben besteht... aus fortwährendem Ein- und Auspacken oder Umziehen.« Nicht selten wurde sie von einem Vermieter vor die Tür gesetzt, weil sie die Wohnung vernachlässigte oder die Miete nicht zahlen konnte. Geldnot zwang sie, zahlreiche Tätigkeiten anzunehmen. Mal übte sie sich als Milchverkäuferin, mal versuchte sie sich als Fälscherin von altbayerischer Glasmalerei. Wenn nichts anderes half, machte sie »Fischzüge durch die Bars«. Sie schrieb für die Zeitschrift *Simplicissimus* Witze und übersetzte französische Liebesromane.

Obwohl sie oft im Elend lebte, war sie unbestritten die »Gräfin« von Schwabing. Sie bewegte sich in allen Bohemien-Kreisen und spielte eine zentrale Rolle im Stefan-George-Kreis. Mit jedem der Kosmiker hatte sie ein Verhältnis, mit Alfred Schuler, Karl Wolfskehl und Stefan George. Mit Ludwig Klages ging sie eine enge Liebesbeziehung ein und übernahm dessen matriarchalische Lebensphilosophie. Als dieser sich 1903 von Franziska zu Reventlow wegen ihrer »geradezu phänomenalen Untreue« trennte, war sie bereits seit sechs Jahren Mutter. Der Sohn Rolf, genannt »Bubi«, war der einzige Mensch in ihrem Leben, dem sie ihre uneingeschränkte Liebe schenkte. »(Ich) muß ihn ganz frei und für mich haben.« Als sie 1903 mit ihm in das Eckhaus in der Kaulbachstraße zog, empfand sie die Wohngemeinschaft trotz der Spannungen mit Hessel, den sie böse die »Begleitdogge« nannte, drei Jahre lang als »reines Familienleben«. Dann kam es zur dramatischen Trennung von Such, die Wohngemeinschaft wurde aufgelöst.

Es folgten unruhige Jahre mit häufigem Wohnungswechsel (vgl. S. 135), bis sie 1909 schreibt: »...mein Herz ist ganz in Flammen... ich muß von hier fort – München mordet uns alle.« 1910 zog sie nach Ascona, wo sie aus Geldverlegenheit einen baltischen Baron heiratete, der durch eine Erbschaft zu Geld gekommen war. Zum erstenmal in ihrem Leben wollte sie solide sein und legte das Geld auf einer Bank an. Doch sie hatte kein Glück. Durch eine Bankpleite ging die Erbschaft verloren, sie war wieder mittellos, zudem oft krank. Zwischen Sanatoriumsaufenthalten schrieb sie an dem Roman *Geldkomplex*, ein zweiter Roman, *Der Selbstmordverein*, wurde nicht mehr beendet. Als sie sich 1918 zum wiederholten Mal einer Operation unterziehen mußte, starb sie noch nicht 50jährig.

Auf der gegenüberliegenden Seite, in dem heute neuen Gebäude 62a, befand sich in den zwanziger Jahren die

❸ Wohnung von Ruth Schaumann Kaulbachstraße 62a

Die vielseitig begabte Ruth Schaumann (1899-1975) besuchte die Münchner Kunstgewerbeschule und wurde in den zwanziger Jahren durch den expressionistischen Gedichtband *Die Kathedrale* bekannt. Die Themen für ihre Lyrik und Prosa fand die später zum Katholizismus Konvertierte in ihren eigenen Erfahrungen als Ehefrau und Mutter. Sie erhielt 1932 den Dichterpreis der Stadt München; allerdings bekam sie nur 2000 Mark statt der dotierten 3000 Mark. Sie selbst schrieb dies der Tatsache zu, daß sie Preußin und dichtende Frau sei.

Ein paar Häuser weiter, in der Nr. 36, war die

Ruth Schaumann, 1932

❹ Wohnung von Carola Neher Kaulbachstraße 36

Die geborene Münchnerin Carola Neher (1900-1942) mit dem »Katzengesicht« sprühte vor Vitalität und Lebensfreude. 1922/23 hatte sie ihr Debüt an den Kammerspielen und errang 1925 in Breslau als Haitang in Klabunds Theaterstück *Kreidekreis* Welterfolg. »Die knabenhafte... Gestalt..., ihre seltene Naivität und berückende Uninteressiertheit, das Gerade und Spontane ihres Wesens« schlugen den Dichter Klabund in den Bann, der sie 1924 in München kennenlernte. Er heiratete die bisweilen exzentrische und keineswegs treue Carola Neher und widmete ihr einige seiner schönsten Liebesgedichte. Nach dem Tod Klabunds 1928 zog sie nach Berlin, lernte den Kommunisten Ana-

Carola Neher
in den zwanziger Jahren

tol Becker kennen, mit dem sie 1933 über Wien und Prag nach Moskau emigrierte. Beide fielen 1936 der Stalinistischen Säuberungswelle zum Opfer. Wegen Verdachts auf trotzkistische Umtriebe wurden sie verhaftet, ihr Mann zum Tode verurteilt, sie zu 10 Jahren Gefängnis. 1942 starb Carola Neher an Typhus auf einem Gefangenentransport.
Sie überqueren die Veterinärstraße und stoßen auf der rechten Seite auf das Haus Nr. 35. Im Gartengebäude war die

❺ Wohnung von Ricarda Huch Kaulbachstraße 35

Die »königliche« Ricarda Huch (1864-1947), wie sie Ina Seidel nannte, liebte ihre Dachwohnung, in der sie von 1911-1927 mit Unterbrechungen lebte. Vom Balkon aus konnte sie über den Garten des benachbarten Priesterseminars mit den jungen meditierenden Geistlichen bis zur belebten Ludwigstraße sehen.

Ricarda Huch gehört zu den großen Schriftstellerinnen der ersten Jahrhunderthälfte. Thomas Mann feierte die Grande Dame der deutschen Literatur anläßlich ihres 60. Geburtstags als »erste Frau Deutschlands«, wenn nicht gar »erste Frau Europas«. Damals hatte Ricarda Huch bereits ein eindrucksvoll breites literarisches Werk geschaffen, das von Gedichten, Erzählungen und Romanen über die großen historischen Abhandlungen zum Dreißigjährigen Krieg oder zu Luther und Wallenstein bis hin zu einem Kriminalroman reicht. Ohne sich den literarischen Strömungen ihrer Zeit anzuschließen, war sie unbeirrt einen eigenen künstlerischen Weg gegangen und hatte eine literarische Form gefunden, in der sie Historisches mit Dichterischem zu verbinden verstand. Ihr Leben lang schrieb sie beinahe täglich mit Disziplin und Konsequenz, ungeachtet Zeiten tiefer Depression und beengten äußeren Verhältnissen. »Ganz glücklich bin ich eigentlich nur, wenn ich Verse machen kann«, bekennt sie einem Freund, und in ihren Erinnerungen schreibt sie: »Zu dichten war mir selbstverständlich; ich hatte es getan, seit ich denken konnte...«

In der Tat fallen ihre ersten literarischen Versuche in die Kindheit, die sie in Braunschweig in einem gutbürgerlichem Haus verbrachte. Das Glück der

Feier des 60. Geburtstags von Ricarda Huch (Mitte, sitzend), 1924, mit Tochter Marietta (2. v. li.) und Ermanno Ceconi (5. v. re., stehend)

Kindheit endete, als sich die 19jährige in ihren 14 Jahre älteren Schwager Richard Huch verliebte, mit dem sie eine leidenschaftliche, vor der Schwester und den Eltern furchtsam verheimlichte Beziehung begann, die ihr Leben wie ein »Unglücksfaden« durchzog. Um dem wachsenden moralischen Druck zu entfliehen, verließ Ricarda Huch 1887 Braunschweig und begann in Zürich Geschichte und Philosophie zu studieren. Als eine der ersten Frauen schloß sie das Studium 1896 mit der Promotion ab und begann als Lehrerin, später als Bibliothekarin zu arbeiten. Die Bindung an Richard war jedoch nicht überwunden und lebte neu auf, als dieser sich 1897 von seiner Frau trennte. Sie stand »wieder in Flammen« und reiste nach Köln, um mit Richard gemeinsam nach Paris zu gehen. Doch die Begegnung endete im Streit. Enttäuscht ging Ricarda Huch nach Wien. Dort begegnete sie dem jungen italienischen Zahnarzt Ermanno Ceconi, der sie durch den »Zug von Einsamkeit«, der um ihn war, anzog. »Er erinnerte mich... an den Königssohn aus dem Märchen, der aus der Heimat vertrieben« worden ist, schrieb sie. Bereits ein Jahr später, 1898, heirateten sie, zogen nach Triest und kurz darauf nach München. »Mannochen«, wie Ricarda Huch ihn nannte, faßte schnell Fuß, und seine Praxis wurde

Links: Ricarda Huch, 1914

zum Geheimtip in der Schwabinger Boheme. Doch die Ehe blieb nicht ohne Spannung. Als plötzlich Richard erneut auftauchte, besann sich Ricarda Huch nicht lange. Sie verließ Manno, ging mit ihrer Tochter Marietta nach Braunschweig und heiratete Richard. Die Liebe, die »wie ein Felsblock auf meinem Weg gelegen hatte«, zerbrach aber schon nach wenigen Jahren an Richards Egozentrik und Eifersucht auf Marietta. Er verlangte von seiner Frau, zwischen ihm und ihrer über alles geliebten Tochter zu wählen. Ricarda Huch entschied sich für Marietta, verließ ihren zweiten Mann und nahm in der Kaulbachstraße eine eigene Wohnung. Es folgten die schwersten Monate ihres Lebens. Dann empfand sie das neue Leben in München mit ihrer Tochter jedoch als »Paradies«. »Man muß wohl alles durchgemacht haben, was ich durchgemacht habe, um mein Glück ganz fühlen zu können.« Eine neue Bindung ging sie nicht mehr ein. Das Zusammenleben mit ihrer Tochter erfüllte sie: »Das Gefühl, mit Busi (Marietta) zu leben und so unzertrennlich mit ihr verbunden zu sein, ist mir immer gegenwärtig.« Die Beziehung blieb so innig, daß die Mutter bis zu ihrem Tod 1947 nicht mehr von der Seite Mariettas wich.

Den Beginn des Nationalsozialismus erlebte Ricarda Huch in Berlin. In dieser Zeit bewies die national und konservativ gesinnte Schriftstellerin eine ungewöhnliche Zivilcourage. Mit der Begründung: »Daß ein Deutscher deutsch empfindet, möchte ich fast für selbstverständlich halten; aber was deutsch ist, und wie Deutschtum sich betätigen soll, darüber gibt es verschiedene Meinungen. Was die jetzige Regierung als nationale Gesinnung vorschreibt, ist nicht mein Deutschtum«, trat sie 1933 aus der Preußischen Akademie der Künste und Wissenschaften aus. Kurz darauf wurde ein Ermittlungsverfahren gegen sie eingeleitet, weil sie sich positiv über Juden geäußert hatte, und sie mußte sich Verhören bei der Gestapo aussetzen. Sie beschloß, den Opfern im Kampf gegen den Nationalsozialismus, unter denen sich viele Freunde befanden, ein literarisches Denkmal zu setzen. Dieses Werk, *Der lautlose Aufstand*, konnte sie jedoch nicht mehr beenden. Sie starb 1947, nachdem sie noch kurz vorher als Ehrenvorsitzende den ersten deutschen Schriftstellerkongreß eröffnet hatte.
Ein Stück weiter, auf derselben Straßenseite, im Gartengebäude des Hauses Nr. 19 befand sich das

❻ Atelier von Tini Rupprecht Kaulbachstraße 19

Die Malerin Tini Rupprecht (1867-1956) gehörte vor dem Ersten Weltkrieg zu den begehrtesten und bestverdienenden Künstlern der Stadt. München war am Ende des 19. Jahrhunderts Ort der Malerfürsten, die ihren Ruhm raffiniert und aufwendig in Szene zu setzen wußten. Beinahe im verborgenen wirkte dagegen die »Malerfürstin« Rupprecht. Lediglich Lenbach zählte zu ihren Freunden und Bewunderern. »Mit Freuden verfolgen wir Ihre Ruhmeslaufbahn«, schrieb er.

Maria von Rumänien mit ihren Kindern. Pastell von Tini Rupprecht, 1901

Tini Rupprecht war Pastellmalerin, die die Kunst des Porträtierens vollendet beherrschte. Sie gewann den deutschen und europäischen Hochadel als Kundschaft, der sich darum riß, von ihr gemalt zu werden. Von Aufträgen überschüttet, mußte sie meistens ablehnen, so auch mehrere Anfragen Kaiser Wilhelms II. Eigenwillig wählte sie aus und entschied sich am liebsten für Frauen- oder Kinderdarstellungen. Obwohl sie für einen Auftrag bis zu 15 000 Goldmark erhielt und damit das Honorar, das Lenbach bezahlt wurde, weit übertraf, exponierte sie sich nicht als Malerfürstin. Sie lebte in der Prinzregentenstraße und hatte ihr Atelier hier in der Kaulbachstraße. Ihr Stern begann in den zwanziger Jahren zu sinken. Als sie 1956 starb, wurde ihr Tod kaum zur Kenntnis genommen.

Sie gehen bis zum Ende der Straße und wenden sich dann nach links in die Schönfeldstraße, die zur Königinstraße führt. An der Ecke rechts befindet sich das moderne Gebäude des amerikanischen Generalkonsulats. Auf diesem Gelände stand das

❼ Hofatelier Elvira (ehemals Von-der-Tann-Straße 15)

Das Hofatelier Elvira wurde 1887 von Anita Augspurg (1857-1943) und Sophia Goudstikker (1865-1924) eröffnet. Sophia Goudstikker, die aus einer holländisch-jüdischen Kaufmanns- und Handwerkerfamilie stammte, hatte die sieben Jahre ältere Augspurg ein Jahr zuvor in Dresden kennengelernt, als sie dort eine private Malschule besuchte. Augspurg, examinierte Lehrerin und künstlerisch ambitioniert, und Goudstikker beschlossen, in dem liberalen München zusammen zu leben und zu arbeiten. Ihre Wahl fiel auf das fotografische Gewerbe, in dem es für Frauen keine Einschränkungen gab. Mit der Eröffnung des Ateliers bewiesen die beiden Mut, denn in der Stadt lebten bereits rund 100 selbständige Fotografen. Doch bald konnte die geschäftstüchtige Sophia Goudstikker das Aufsehen, das die beiden Frauen mit ihrer Kurzhaarfrisur, dem »Tituskopf«, erregten, in lukrative Aufträge umwandeln. Der endgültige Durchbruch war geschafft, als sie 1893 die Aufnahmen zur Silberhochzeit von Prinz Ludwig, dem späteren König Ludwig III., und Maria Theresia machen konnten. Zur Kundschaft zählten fortan Aristokraten, Großbürger, Beamte, Wissenschaftler, Offiziere, Künstler, Opernsänger und Schauspieler. Ihre Porträts

Anita Augspurg (li.) und Sophia Goudstikker (re.), um 1894
Rechte Seite: Sophia Goudstikker (oben re.) und die Angestellten des
Ateliers Elvira. Feier zum Zwanzigjährigen Jubiläum, 1907

von Schriftstellerinnen und Frauenrechtlerinnen zeigen ein neues Verständnis von der Rolle der Frau. Diese sind am Schreibtisch oder in klassisch männlicher Denkerpose – wie Ika Freudenberg oder Anita Augspurg – abgelichtet oder blicken – wie die Schriftstellerinnen Lou Andreas-Salomé und Helene Böhlau – offen in die Kamera.

Anita Augspurg hatte allerdings bald keine Lust mehr, freundlich »Bitte lächeln« zu sagen, und reduzierte bereits Anfang der neunziger Jahre ihre Mitarbeit, bis es schließlich zum endgültigen Bruch kam. »Nichtssagende Verbindlichkeiten zu machen, nein, das lag ihr nicht. Sie hatte zwar mit ihrem Kapital die Basis des Unternehmens geschaffen, aber die Geschäftstüchtigkeit und Initiative lagen auf der Seite ihrer Genossin«, berichtet Lida Gustava Heymann, die nun mit Anita Augspurg zusammenzog. Sophia Goudstikker fand in Ika Freudenberg eine neue Lebensgefährtin (vgl. S. 150 ff.), mit der sie seit 1898/99 in einem Haus neben dem Atelier lebte. Als »Königlich Bayerische Hofphotographin« betrieb Sophia Goudstikker das Unternehmen mit zeitweise bis zu acht Angestellten erfolgreich weiter.

Sich im Hofatelier Elvira fotografieren zu lassen, war ein Erlebnis, die Einrichtung extravagant. Neben Plüschsesseln standen Jugendstilmöbel, Nippes, Kulissen aus Pappmaché, gemalte Bildprospekte, im Treppenhaus wucherten üppige exotische Pflanzen – das Ganze vermittelte den Eindruck von »raffinirte(m) Luxus«. Auch das Äußere des Gebäudes erregte Aufse-

hen. August Endell gestaltete 1898 die Fassade mit einem 13 Meter breiten und 7 Meter hohen Relief eines Drachen auf grünem Untergrund. Das Fassadenornament wurde jedes Jahr neu gestrichen, im Urzustand war es zyclam-violett bis türkisfarben und die Wandfläche meergrün. In ihrem Nachruf auf Sophia Goudstikker erinnert sich Gertrud Bäumer: »Heute denke ich an Dein kleines lebendiges Haus, mit der kecken Laune seiner Gitter und Treppengeländer, mit den geheimnisvollen Tiefseeungeheuern im Stuck der Wände, und all den schönen lebendigen Dingen... Deine Welt!«

Die meisten Münchner aber betrachteten den Bau argwöhnisch und gaben ihm die Spitznamen »Chinesische Botschaft« und »Drachenburg«. Biedere Zeitgenossen sprachen von feministischer Überstiegenheit: »Viele strömten hinzu, um das herausfordernde, mit allem Gewohnten in Widerspruch stehende Schaustück zu bestaunen und setzten sich über das in seiner Verstiegenheit zu Spott und Unmut Reizende durch den Gedanken hinweg, daß alle an dem Haus Beteiligten ›spinnen‹.« Die Nationalsozialisten ließen es nicht beim Spotten. Per Eilbrief forderten sie die Besitzerin auf, »die häßliche, im Straßenbild sehr störend wirkende Fassade« innerhalb von zehn Tagen zu beseitigen. Das Gebäude selbst wurde im Zweiten Weltkrieg zerbombt.

Die »bereinigte« Fassade des Ateliers Elvira, 1937

Festzug zur Einweihung des Hauses der Deutschen Kunst, 1937

Die Königinstraße überquerend, gelangen Sie in den Englischen Garten. Schräg rechts sehen Sie bereits das

❽ Haus der Kunst

»Ich glaube, es war im Sommer 34«, berichtet Gertrud Fussenegger, »da fuhr in die düster-verödete Szenerie des Münchner Kunstlebens wie ein erster ankündigender Windstoß die

Besucher vor dem Eingang zur Ausstellung *Entartete Kunst*, 1937

Nachricht, daß am Rande des Englischen Gartens ein großer Ausstellungspalast gebaut werden sollte.« Am 18. Juni 1937 weihte Hitler das Haus der Deutschen Kunst mit einem riesigen Festzug *Zweitausend Jahre Deutsche Kultur*, einem Feuerwerk und der ersten *Großen deutschen Kunstausstellung* ein, in der er »gesunde Kunst des deutschen Volkes« zeigen wollte. Einen Tag später wurde in der Hofgartengalerie die Ausstellung *Entartete Kunst* eröffnet. Unter den gebrandmarkten Werken befanden sich auch die Bilder der Münchner Malerin Maria Caspar-Filser.

An der rechten Seite des monumentalen Gebäudes kommen Sie am Eingang der Staatsgalerie Moderner Kunst mit sehenswerten Werken der klassischen Moderne vorbei. Der Weg führt nun an der Ampel über die vielbefahrene Prinzregentenstraße. Sie gehen ein Stück den Franz-Joseph-Strauß-Ring entlang und biegen links in die kleine Sigmundstraße ein, die Sie in den Stadtteil Lehel führt. Von der Sigmundstraße zweigt nach wenigen Metern auf der rechten Seite die Christophstraße ab und von dieser wiederum rechts die St.-Anna-Straße, die auf den schönen St.-Anna-Platz geht. Gleich links liegen die Gebäude der

❾ St.-Anna-Schule
St.-Anna-Straße 20-22

Ina Seidel (1885-1974) (vgl. S. 137ff.), die »um die Ecke«, in der Liebigstraße, einen Teil ihrer Kindheit verbrachte, schreibt in ihren Erinnerun-

gen *Drei Städte meiner Jugend*: »Die große neuromanische Kirche am St.-Anna-Platz hatte mir mit ihrem melodischen Uhrenschlag drei Jahre lang das willkommene Signal des Ablaufs der Schulstunden gegeben.«
Direkt neben der Grundschule, die Ina Seidel besuchte, wurde 1912 eine Höhere Mädchenschule eröffnet. Sie sollte die Bildungschancen für Mädchen verbessern. Diesen blieb nach dem Besuch einer Höheren Schule lange Zeit nur die Möglichkeit, Lehrerin zu werden oder zu heiraten. Andere akademische Berufe waren ihnen verschlossen. 1905 betrug der Anteil von Frauen an der Lehrerschaft 18,2 %. Das gleiche Gehalt wie ihren männlichen Kollegen wurde ihnen allerdings erst 1919 zugebilligt.
Schwerer noch als diese finanzielle Benachteiligung wog ein preußischer Erlaß von 1892, der das berüchtigte Lehrerinnenzölibat festschrieb: Lehrerinnen wurden vor die Alternative Ehe oder Beruf gestellt. Das bayerische Beamtengesetz bestimmte, daß eine Eheschließung nicht nur den Verlust der Arbeitsstelle, sondern auch den der Pensionsansprüche nach sich ziehe.
Als Kritik laut wurde, bezog der Katholische Lehrerinnenverein in Bayern eine klare Position: Keineswegs liege hier eine Beschränkung der Menschenrechte vor. »Wir sind der Ansicht, daß zwei so wichtige Berufe wie der Lehrerberuf und der Hausfrau- und Mutterberuf nicht in einer Person vereinigt werden können.« 1906 hatte sich Helene Lange (1848-1930), Vorsitzende der größten deutschen Lehrerinnenorganisation, zwar gegen das Lehrerinnenzölibat ausgesprochen, doch sah sie diese Frage nicht als zentrales Problem an. Ihrer Meinung nach sollten verheiratete Lehrerinnen die Ausnahme sein. Damals gab es heftige Diskussionen über sexuell frustrierte, altjüngferlich wirkende Lehrerinnen. Helene Lange führte diese »Mißbildungen unter den Lehrerinnen« auf die berufliche Situation, die männlich dominierte Schule und das mangelnde weibliche Selbstbewußtsein zurück und erklärte: »Es gibt mindestens so viel verkümmerte, in kleinlichen Sorgen erstickte, von dauernden Überhetzungen und Überlastung geistig erdrückte Ehefrauen wie verbitterte Lehrerinnen.«
Der radikale Flügel der Frauenbewegung dagegen wertete das Zölibat als Behinderung der »normalen Entwicklung der Persönlichkeit«. Den Aufruf *Gegen das Zölibat der Lehrerinnen*, abgedruckt in der von Minna Cauer herausgegebenen Publikation *Frauenbewegung*, unterzeichneten unter anderen Anita Augspurg, Hedwig Dohm, Lida Gustava Heymann und Ricarda Huch. Allerdings hatte dieser Aufruf keinen durchschlagenden Erfolg; die Mehrheit der deutschen Lehrerinnen wollte keine verheirateten Frauen als Kolleginnen haben, wie eine Umfrage bewies. Erst nach dem Ersten Weltkrieg legte die Weimarer Verfassung die Gleichberechtigung von Frau und Mann fest und schloß so die Diskriminierung weiblicher Beamten aus. Der Bayerische Landtag votierte jedoch noch 1920 für eine Entlassung verheirateter Lehrerinnen. Auf eine Klage des fränkischen Lehre-

rinnenvereins hin wurde das Eheverbot zwar im Mai 1921 für verfassungswidrig erklärt, doch gab es nach wie vor die Ausnahmebefugnisse der Bayerischen Regierung. In der Praxis wurde das uneingeschränkte Einstellungsrecht für verheiratete Lehrerinnen erst nach dem Zweiten Weltkrieg durchgesetzt.

Sie gehen nun über den St.-Anna-Platz, halten sich hinter der neuromanischen Kirche links und kommen in die Triftstraße. Diese geht in die Wagmüllerstraße über, die zurück auf die Prinzregentenstraße führt. Auf der anderen Straßenseite sehen Sie die mächtige Anlage des Bayerischen Nationalmuseums und die Schack-Galerie mit Bildern der Deutsch-Römer. Sie wenden sich nach rechts und kommen zum

Tilly und Frank Wedekind in Wedekinds Tragödie *Erdgeist*. Erstaufführung im Schauspielhaus, 1898

❿ Wohnhaus von Tilly und Frank Wedekind Prinzregentenstraße 50

Am Haus befindet sich heute eine Gedenktafel, die an Frank Wedekind erinnert. Vergessen ist seine Frau Tilly (1886-1970), die hier mit ihm und den beiden Töchtern Pamela und Kadidja von 1908-1918 lebte. Tilly Wedekind war zu ihrer Zeit eine gefeierte Schauspielerin der Kammerspiele. In zahlreichen Uraufführungen Wedekinds spielte das Ehepaar die Hauptrollen. Die Beziehung zwischen dem wesentlich älteren Wedekind und der »zum Weinen schön(en)« Tilly war spannungsgeladen. Entweder waren sie unsagbar über- oder unglücklich. Das ging so weit, daß Tilly Wedekind im Winter 1917 einen Selbstmordversuch machte. Sie überlebte, doch bald darauf starb Wedekind. In einem seiner letzten Gedichte heißt es: »Tilly gib mir noch einen Kuß/ Es kommt ja doch, wie es kommen muß...«

Mit Blick auf den Friedensengel folgen Sie der Prinzregentenstraße Richtung Isar und biegen rechts in die Reitmorstraße ein. Sie endet auf der Robert-Koch-Straße, über die Sie links zur Isar gelangen. Wenn Sie die Uferstraße (Widenmayerstraße) überqueren, können Sie oberhalb der Isar entlanglaufen. Kurz hinter der Maximiliansbrücke führt links eine Fußgänger-

Brücke zur Praterinsel mit dem Lokal »Isarlust«, 1907

brücke auf die Praterinsel. Sie gehen rechts zum Alpinen Museum, in dem Ende des letzten Jahrhunderts das Gast- und Weinhaus Isarlust seine Räume hatte.

⓫ Isarlust
Praterinsel 5
Die Gesellschaft für modernes Leben, die »anregend und befruchtend auf das Kunstleben in München wirken« wollte und sich vor allem für zeit-

»Echt Tyroler Weinschenke« sowie Darbietungen bis in die frühen Morgenstunden. Von den Auftritten der Gesellschaft redete oft ganz München. In einem »literarischen Ketzergericht« etwa wurde der etablierte Münchner Kunstbetrieb ebenso aufs Korn genommen wie die wilhelminische Zensur.

Auch das Publikum war außergewöhnlich. Der jungen Schriftstellerin Gabriele Reuter fielen »ein paar Frauengestalten in männlich geschnittener Kleidung mit schönen, ausdrucksvollen Jünglingsköpfen« auf, Anita Augspurg und Sophia Goudstikker, sowie einige Tische mit »verwegen blickendem Weibervolk in seltsamen Haartrachten und erregten Jünglingen«. Als Rezitatorinnen traten Anna Dandler, Marie Ramlo, Anna Croissant-Rust und andere auf. Für den vierten öffentlichen Abend war Anita Augspurg angekündigt, doch wußte der Polizeibericht zu melden, daß die Deklamationen »wegen Unpäßlichkeit der Dame« ausfielen.

Die Gäste konnten bei den Isarfesten den *Modernen Musenalmanach* erwerben, zu dem Anna Croissant-Rust (1860-1943) Texte beitrug. Diese heute kaum noch bekannte Erzählerin gehörte dem Münchner Naturalistenkreis an und machte sich damals mit Veröffentlichungen wie *Feierabend. Münchner Arbeiternovelle* einen Namen. Bereits nach zwei Jahren löste sich *Die Gesellschaft für modernes Leben* auf, und es wurde wieder ruhiger auf der Praterinsel.

Sie gehen weiter isaraufwärts und laufen »mitten in der Isar« über das

genössisches Theater, Literatur und bildende Kunst einsetzte, lud seit 1891 in die Isarlust zu kulturellen Abenden, den berühmten Isarfesten, ein. Bis zu 1000 Menschen strömten zu den Veranstaltungen mit Musik und Tanz der

Wehr bis zur Ludwigsbrücke. Gegenüber, auf der anderen Straßenseite, liegt das

**⓬ Deutsche Museum
Museumsinsel 1**
Im Deutschen Museum, das in didaktisch vorbildlich präsentierter Weise in die Geschichte der Technik einführt, ist nicht viel von und über Frauen zu finden. Dabei gab es schon immer technisch und naturwissenschaftlich interessierte Frauen, auch in München. Die Ingenieurin Ilse ter Meer (1899–1996) war eine von ihnen. Bereits als Kind spielte sie am liebsten mit einer kleinen Dampfmaschine, hielt sich seit ihrer Jugend gern in Fabrikhallen auf, weil sie den Geruch von Motorenöl liebte, und machte mit 21 Jahren den Führerschein. Für sie war es keine Frage, daß sie ein naturwissenschaftliches Studium aufnehmen würde, wohl aber für ihre männlichen Kommilitonen, die das Studium als Männerdomäne verteidigten. Als Anfang des Jahrhunderts erstmals Frauen die Hörsäle der medizinischen und mathematischen Fakultät in München betraten, kam es zu tumultartigen Szenen. In den zwanziger Jahren, als Ilse ter Meer an der Technischen Hochschule studierte, mußte sie noch von einer »Schutztruppe« von Bewunderern in die Vorlesungen begleitet werden, wo sie jedesmal mit Fußscharren begrüßt wurde.
Wissenschaftliche Loorbeeren ernteten freilich nur wenige der Münchner Frauen, die ihr Leben unbeirrt der Wissenschaft verschrieben. Zu ihnen

Prinzessin Therese von Bayern

zählt die Wittelsbacher Prinzessin Therese von Bayern (1850-1925), eine hochangesehene Anthropologin, Zoologin und Kulturgeographin, die sich seit ihrer Jugend für Vegetation, Geographie und Kultur außereuropäischer Länder interessierte. Ausgedehnte Studienreisen führten sie bis nach Rußland und Südamerika. Um ihre Forschungen vor Ort besser durchführen zu können, erlernte sie fortwährend neue Sprachen – es sollen insgesamt elf gewesen sein. Zu Hause wertete sie das Beobachtete und Gesammelte in Reise- und Länderbeschreibungen aus, die ihr einen so guten fachlichen Ruf einbrachten, daß sie an die Seite Alexander von Humboldts gestellt wurde. 1897 würdigte die Münchner Universität die Verdienste Thereses von Bayerns mit der Ehrendoktorwürde. Ein Jahr später wurde die promovierte Zoologin Marianne Plehn (1863-1946) nach München berufen (vgl. S. 133). Sie hatte Studium und Promotion an der liberalen Zürcher Universität absolviert und empfand die Möglichkeit, in München eine Forschungsaufgabe zu übernehmen, als großes Glück: »...mir (wird) heimatlich..., so wie ich das Labor betrete, und die zoologische Atmosphäre mich umgibt." Obwohl Marianne Plehn auf dem Gebiet der Fischpathologie Hervorragendes leistete, hatte sie nicht das Selbstbewußtsein, eine leitende Funktion zu übernehmen. Das Angebot, in Wien den Vorstand des Zoologischen Instituts zu übernehmen, lehnte sie ab. Dabei fehlte es nicht an fachlicher und öffentlicher Anerkennung: 1914 erhielt sie als erste Frau von König Ludwig III. den Titel eines »Kö-

Adele Hartmann

niglichen Professors«, 1929 wurde sie Ehrendoktorin der Tierärztlichen Fakultät.

Marianne Plehn hatte 1898, als ihr die Habilitation nahegelegt wurde, nicht den Mut zu diesem Schritt. »Hiermit würde vermutlich nur Ehre verbunden sein; und an die gewöhnt man sich doch immer innerhalb weniger Wochen, und hat wenig davon«, tut sie die Sache lapidar ab. Anders verhielt sich Adele Hartmann (1881-1937), die sich 1919 als erste Frau in Deutschland an der Medizinischen Fakultät Münchens habilitierte. Eine ordentliche Professur blieb ihr jedoch verwehrt. Zeit ihres Lebens arbeitete sie an der Anatomischen Anstalt und wurde erst 1924 zur außerordentlichen Professorin ernannt.

Oft mußten sich Naturwissenschaftlerinnen den Weg zur Anerkennung hart erkämpfen. Um so erstaunlicher ist es, daß viele von ihnen ein konservatives Frauenbild und Ressentiments gegenüber der Frauenbewegung hatten. Marianne Plehn stellte beispielsweise erstaunt über Ika Freudenberg fest: »...sie ist von Beruf Präsidentin des Vereins für Fraueninteressen und doch so nett!« Aber es gab auch frauenpolitisch Engagierte unter den Naturwissenschaftlerinnen wie Ilse ter Meer, die den Verein Frauen im Ingenieurberuf mitbegründete. Die international anerkannte Zoologin Rhoda Erdmann (1870-1935), die 1908 an der Münchner Universität promovierte und durch die Methode der »experimentellen Zellforschung« in die Geschichte ihres Faches eingegangen ist, gründete den »Verband deutscher

Rhoda Erdmann

Hochschuldozentinnen« und kämpfte als überzeugte Demokratin gegen den Nationalsozialismus. Das 1935 über sie verhängte Lehrverbot traf die Wissenschaftlerin hart; sie starb noch im selben Jahr.

Die Ludwigsbrücke führt stadteinwärts zum Isartor, einem der alten Stadttore, das schon von weitem zu sehen ist. Hier liegt ein Eingang zur S-Bahn.

Theaterpublikum im Hof des Prinzregententheaters während der Wagner-Festspiele, 1909

Fünfter Spaziergang
»...verschwenderisch auch im geistigen Sinne«
Bogenhausen

Auf diesem Spaziergang werden Ihnen Pazifistinnen und Künstlerinnen aus dem ausgehenden 19. und beginnenden 20. Jahrhundert begegnen. Sie werden durch ein prächtiges Villenviertel kommen, über den schönsten Münchner Friedhof gehen und schließlich zu einer wichtigen Wagner-Bühne, dem Prinzregententheater, geführt.

Der Spaziergang beginnt am U-Bahnhof Max-Weber-Platz. Sie nehmen den Ausgang Einsteinstraße und gehen links auf das Maximilianeum zu, seit 1949 Sitz des Landtags und Senats. Vor dem Maximilianeum zweigt rechts die Maria-Theresia-Straße ab, die mit ihren herrschaftlichen Häusern und herrlichen Gärten zu den ersten Adressen Münchens zählt.

Helene von Dönniges, um 1864

❶ **Maria-Theresia-Straße**
Um die Jahrhundertwende lebten hier Bankiers und Industrielle mit ihren Frauen, alter Adel, Naturwissenschaftler und Künstler. »Auf der vornehmen Straße..., die zu den stillsten und schönsten gehört, ... (schleicht ein) uralter bayerischer Herzog... mit seiner jungen bürgerlichen Frau vorüber, Felix Mottl, der Wagner-Dirigent, Adolf von Hildebrand, der Bildhauer... lustwandeln im Park«, erinnert sich Eugen Diesel, Sohn des Erfinders Rudolf Diesel. Er begegnete auch der alt gewordenen, aber immer noch rothaarigen Helene von Dönniges. »Des Sozialisten Ferdinand Lassalles einstige Jugendgeliebte, die rothaarige Helene von Dönniges, wird blaß, alt und leidend, im Rollstuhl vorübergefahren. Ihretwegen fiel Lassalle 1864 in Genf im Duell. So oft ich ihr begegnete, pflegte sie zu lächeln. 1911 blieb sie aus. Sie war freiwillig aus dem Leben geschieden.« Lassalle hatte sich Hals über Kopf in die verwöhnte, extravagante Tochter eines geadelten Diplomaten in bayerischen Diensten verliebt, stieß aber auf den erbitterten Widerstand der Eltern, die bereits einen jungen walachischen Junker für ihre Tochter ausgesucht hatten. Da Lassalle auf seinen Rechten an Helene von Dönniges, seinem »Goldfuchs«, beharrte, forderte der zukünftige Ehemann, Janko von Raconitz, den Sozialisten im Auftrag des Vaters zum Duell, wonach dann der Heirat nichts mehr im Wege stand.

Sie folgen der Maria-Theresia-Straße stadtauswärts und kommen zum

❷ Hildebrand-Haus
Maria-Theresia-Straße 23
Das Hildebrand-Haus diente der Familie Hildebrand als Villa und Atelier. Der Jugendstilbildhauer Adolf von Hildebrand war mit der Industriellentochter Irene Koppen verheiratet. Franziska zu Reventlow berichtet in ihren Tagebüchern belustigt, »die alte Hildebrandin« habe »wie ein Drache die ihren bewacht«, ihren Kindern aus Eifersucht verboten, mit ihr zu reden, und schließlich von ihnen verlangt, »heimzugehn, weil ich da wäre«. Bei Hildebrands herrschte eine großbürgerliche Atmosphäre. Besucher konnten morgens »ferne halb dumpf die Meißelschläge des Bildhauers und eine Frauenstimme... am Flügel zur morgendlichen Erbauung eine Arie von Johann Sebastian Bach« singen hören. Zu den Künstlertreffs, die Anfang des Jahrhunderts in der Maria-Theresia-Straße stattfanden, kam alles, was Rang und Namen hatte: Cosima Wagner, Ricarda Huch, Isolde Kurz, Hans Pfitzner, Richard Strauss, Wilhelm Röntgen und viele andere. In der Villa befindet sich heute die Monacensia, die zahlreiche Künstlernachlässe besitzt.

Die lange Maria-Theresia-Straße biegt am Ende nach rechts ab und wird dort zur Höchlstraße. Hier gehen Sie links in den Park hinein, dann in derselben Richtung weiter. Nach wenigen Metern gelangen Sie auf den Bogenhauser Kirchplatz. Schon von weitem sehen Sie das Pfarrhaus, an das sich der schönste Friedhof Münchens anschließt. Durch eine kleine Pforte betreten Sie den

❸ Bogenhauser Friedhof
Ein Gang über den Friedhof mit seinen vielen schlichten schmiedeeisernen Kreuzen wird zu einem Gang durch die Münchner Kulturgeschichte. Das Grab der Schriftstellerin Annette Kolb (vgl. S. 107 f.) ist ebenso zu finden wie das Kreuz mit flammendem Herz auf dem Grab Liesl Karlstadts (vgl. S. 33 ff.) und das Grab der langjährigen, 1980 verstorbenen Direktorin des Münchner Stadtmuseums, Martha Dreesbach. Die Schauspielerin Hertha von Hagen liegt hier begraben und die Physikerin und Friedensrechtlerin Freda Wuesthoff, die nach dem Zweiten Weltkrieg unermüdlich ihre Stimme gegen die atomare Aufrüstung erhob. Daneben ruht die »Kaufmannsgattin von hier« oder »Fräulein Anni Beetz«, die im stolzen Alter von 83 Jahren noch als Landratstochter geführt wurde.

Aus dem Friedhof heraustretend, gehen Sie rechts eine Treppe hinunter zur Neuberghauserstraße, die Sie auf die Montgelasstraße führt. Schräg gegenüber, auf der anderen Straßenseite, geht die Mauerkircherstraße ab. Auf der rechten Seite befindet sich das Haus Nr. 12 mit den

**❹ Wohnungen von
Erna Hanfstaengl und
Helene Raff
Mauerkircherstraße 12**

Im zweiten Stock lebte in den zwanziger Jahren Erna Hanfstaengl (1885-1981), die Geliebte des Mediziners Ferdinand Sauerbruch. Lange munkelten die Münchner, daß die beiden einen gemeinsamen Sohn hätten, den sie boshaft »Sauerstaengl« nannten. Erna Hanfstaengl war Mitbesitzerin des gleichnamigen Kunstverlags und gehörte zu jenen intellektuellen Frauen aus der Münchner Gesellschaft, die in den zwanziger Jahren die Nationalsozialisten gesellschaftsfähig machten. Sie stellte über ihre New Yorker Galerie den Kontakt zwischen der NSDAP und Henry Ford, einem ihrer Kunden, her. Als früher Finanzier der Partei erhielt Ford 1935 den höchsten NS-Orden. Außerdem soll Erna Hanfstaengl Hitler, der in der Mauerkircherstraße ein und aus ging, zum Vegetariertum bekehrt haben.

Politisch war Erna Hanfstaengl Anfang der zwanziger Jahre von einer liberalen Position ins Lager der Ultrarechten übergewechselt. Noch während des Ersten Weltkriegs war sie überaus skeptisch gegenüber der Deutschtümelei. Constanze Hallgarten weiß zu berichten, daß es bei einer Veranstaltung der reaktionären Vaterlandspartei in München sogar zu einer handgreiflichen Auseinandersetzung kam, als Erna Hanfstaengl in einer Diskussion mit der Frau des Malereiprofessors Hans von Bartel über »solchen Kohl«, den diese redete, so erbost war, daß sie Frau von Bartel öffentlich ohrfeigte.

Im ersten Stock, unter Erna Hanfstaengl, lebte die Malerin Helene Raff (1865-1942). Die gebürtige Wiesbadenerin kam mit 18 Jahren nach Bayern und wurde leidenschaftliche Münchnerin. Sie heiratete nie, pflegte aber enge Beziehungen zu Henrik Ibsen, Adolf von Hildebrand und Paul Heyse und zählte zahlreiche Intellektuelle zu ihren Freunden. Der gleichfalls im Haus wohnende Präsident der Akademie der Wissenschaften, Karl Alexander von Müller, schreibt über

Erna Hanfstaengl, 1904

Helene Raff in den dreißiger Jahren

Helene Raffs Wohnung: »Es war ein ganzes Jahrhundert deutscher Kultur, in das sie zurücksah, und das in diesen (ihren) bescheidenen Räumen noch etwas vom Duft des lebendigen Augenblicks behalten hatte.«

Sie gehen weiter bis zum Kufsteinerplatz und nehmen die Parallelstraße zur Mauerkircherstraße: die Pienzenauerstraße. Dort finden Sie das

❺ Wohnhaus von Constanze Hallgarten Pienzenauerstraße Nr. 15

Die Pazifistin Constanze Hallgarten (1881-1969) lebte hier bis kurz vor ihrer Emigration 1933. 1915 wurde sie mit dem Ludwigskreuz für besondere Verdienste an der Heimatfront ausgezeichnet, vier Jahre später, 1919, durchsuchten Soldaten des »weißen Terrors« die Villa des Ehepaars Hallgarten in Bogenhausen und wollten »Frau Hallgarten an die Wand stellen«, denn Constanze Hallgarten hatte inzwischen eine radikale Entwicklung vollzogen: Sie war von einer Patriotin zur Pazifistin geworden.

Constanze Hallgarten stammte aus einer reichen Bankiersfamilie und war mit dem Nationalökonomen und Schriftsteller Robert Hallgarten verheiratet. Universitätsprofessoren, Diplomaten und Künstler zählten zu ihren Freunden. In diesen Kreisen galt sie schon immer als »ein bißchen exzentrisch«, weil sie anders als die Professoren- und Diplomatengattinnen die politischen Ereignisse wachsam verfolgte und sich für das Wahlrecht der Frau einsetzte. Doch »so arg pazifistisch (sah's) noch nicht aus«, schreibt sie in ihren Erinnerungen über die Vorkriegszeit. Während Anita Augspurg, Lida Gustava Heymann und Margarethe Lenore Selenka bei Ausbruch des Ersten Weltkriegs für den Frieden kämpften und durch Überwachung, Paßentzug und Hausdurchsuchungen schikaniert wurden, organisierte Constanze Hallgarten in ihrer Villa Kleiderspenden für die Front.

Je länger der Krieg jedoch dauerte, desto mehr distanzierte sie sich von dem nationalen Hurra-Taumel. Als Ludwig Thoma 1917 in einer öffentlichen Versammlung gegen die Friedensbemühungen der Sozialdemokraten wetterte, schickte sie dem einstigen Freund enttäuscht die Zeilen:

Constanze Hallgarten (re.), Anita Augspurg (5. v. re.) und Lida Gustava Heymann (8. v. re.) auf dem Zweiten Internationalen Frauenfriedenskongreß, Zürich 1919

»Dem Ludwig Thoma ist beim Bier / All Geist und Witz entschwunden. / Was ehedem er selbst verlacht / Trotz Pfaffen und Minister / Das ist er worden über Nacht: / Ein bayrischer Philister!«

Das Ende des Krieges und den Beginn der Räterepublik, die das Wahlrecht für die Frau in der Verfassung verankerte, empfand Constanze Hallgarten als Befreiung und Sieg. Sie las in dieser Zeit Gustav Landauer, dessen Sozialismus als Humanitätsideal sie fortan prägte. Unter dem Eindruck dieser Lektüre trat sie 1918 dem Bund sozialistischer Frauen bei. Im folgenden Jahr reiste sie zur Zweiten Internationalen Frauenfriedenskonferenz nach Zürich und übernahm anschließend den Vorsitz der Münchner Gruppe der Internationalen Frauenliga für Frieden und Freiheit. Sie ließ sich nicht von Drohungen seitens der Konterrevolutionäre beeindrucken, die sie heftig attackierten und als »jüdische Salonbolschewistin aus dem Ghetto von Bogenhausen« beschimpften.

Der gesellschaftliche Verkehr mit den national gesinnten Freunden wurde immer schwieriger. Um peinliche Szenen zu vermeiden, hängte Constanze zu Hause ein Spruchband über den Kamin mit der Aufschrift: »Man bittet, politische Diskussionen zu vermeiden.« Dennoch mußte sie persönliche Enttäuschungen hinnehmen. Als sie sich in einer Friedensversammlung mit den Worten »Wenn Ihr nur nicht immer wieder mit den Säbeln rasseln wolltet« an ihre männlichen Zuhörer wandte, kündigten die alten Freunde Mimi und Hans Pfitzner dem Ehepaar die Freundschaft auf. Sie fühlten sich in ihrem Nationalgefühl verletzt. Ein Schwager Thomas Manns verließ dessen Haus, weil er mit der Hallgarten nicht an einem Tisch sitzen mochte. Mann, damals keineswegs Pazifist, verhielt sich in dieser Situation gut nachbarlich. »Wenn Sie in Zukunft zu leiden haben oder verfolgt werden, Frau Nachbarin, kommen Sie zu mir – hier finden Sie immer Zuflucht«, versicherte er ihr. In ihren Erinnerungen berichtet sie: »...fast unmerklich glitt ich in eine Art Kampfstellung zur herrschenden Bürgerklasse.«

An die Stelle der alten Freunde traten nun neue wie Anita Augspurg, Lida Gustava Heymann oder die bayerische Prinzessin und Pazifistin Ludwig Ferdinand Maria de la Paz, die Constanze finanziell unterstützte und regelmäßig zu der hocharistokratischen Union Mondiale, dem Damenweltbund, einlud.

Unermüdlich kämpfte Constanze Hallgarten in den zwanziger Jahren mit Reden, Ausstellungen und Tagungen für Aufklärung und Frieden. »Die deutsche Bourgeoisie ist politisch ganz ungeschult«, heißt es in ihren Erinnerungen, »sie ist und bleibt autoritätsgläubig – ängstlich gedrückt gegenüber denen, die nun einmal die Macht haben.« 1931 gründete sie den Weltfriedensbund der Mütter und Erzieherinnen, den sie unter das Motto »Durch Liebe zum Frieden« stellte. Zahlreiche prominente Frauen unterschrieben den Gründungsaufruf. Es war der letzte Versuch, eine gewaltfreie Gesellschaftsordnung vorzubereiten.

Schon seit dem Hitler-Putsch stand Constanze Hallgarten auf der Schwarzen Liste der Nationalsozialisten, denen sie nach der Machtergreifung nur durch Zufall entkam. Über die Schweiz emigrierte sie in die USA, kehrte nach dem Krieg nach München zurück, wo sie 1969 im Alter von 88 Jahren starb.

Wenden Sie sich jetzt nach links und gehen Sie die Poschingerstraße entlang, die nach wenigen Metern in die Thomas-Mann-Allee mündet. Gleich rechts um die Ecke liegt die ehemalige Mann-Villa, von der nur noch das Erdgeschoß erhalten ist.

❻ **Villa von**
Katia und Thomas Mann
Thomas-Mann-Allee 10
(ehemals Poschingerstraße 1)

Die Manns lebten hier mit ihren Kindern von 1914-1933. Katia Mann, geb. Pringsheim (1883-1980), war die Enkelin der berühmten Frauenrechtle-

Katia Pringsheim als Studentin, um 1900

rin Hedwig Dohm. Die Tochter aus gutem Haus war in ihrer Jugend eine Pionierin des Frauenstudiums. Im Dezember 1902 richtete sie, damals Gasthörerin, mit einigen Mitstreiterinnen einen Brief an das Kultusministerium und forderte, »daß in Zukunft Frauen, welche ein Reifezeugnis eines Realgymnasiums vorlegen können, zur Immatrikulation an der Königlichen Hochschule zugelassen werden«. Thomas Mann lernte sie 1904 kennen. Sie sei »ein Wunder, etwas unbeschreiblich Seltenes und Kostbares«, erzählte er seinem Bruder Heinrich. Im Jahr darauf heiratete er die »Prinzessin von Frau«, wie er sie nannte. Katia erinnerte sich später: »Wie ich dann verheiratet war, kam bald das erste Baby und dann sofort das zweite Baby, und sehr bald kam dann das dritte und vierte. Da war's aus mit dem Studium.« Fortan richtete sie ihr Leben nach den Wünschen ihres berühmten Mannes. Nach seinem Tod sagte sie mit Ironie: »Ich habe in meinem Leben nie das tun können, was ich hätte tun wollen.«

Nach diesem Abstecher führt der Weg zurück über die Poschingerstraße bis zur Mauerkircherstraße, in die Sie rechts einbiegen. Sie kommen zurück zum Kufsteinerplatz, nehmen die links abzweigende Kufsteinerstraße, die auf der Montgelasstraße endet. Nachdem Sie die Straßenseite gewechselt haben, gehen Sie ein kleines Stückchen links den Berg hinauf bis zur Weberstraße, in die Sie einbiegen. Nach wenigen Metern zweigt links die Händelstraße ab. Im Haus Nr. 1 befand sich in den sechziger Jahren die

❼ Wohnung von Annette Kolb
Händelstraße 1

Hier verbrachte die Schriftstellerin Annette Kolb (1870-1967) die letzten Jahre ihres bewegten Lebens. In die Weltliteratur ging sie ein als alterndes, »außerordentlich intelligente(s) Mädchen«, »von mondäner Häßlichkeit, mit elegantem Schafsgesicht, darin sich das Bäuerliche mit dem Aristokratischen mischte, ganz ähnlich wie in ihrer Rede das bayerisch Dialekthafte mit dem Französischen«.

Die solchermaßen von Thomas Mann im *Doktor Faustus* als Jeanette Scheurl verewigte Annette Kolb war eine »Tochter zweier Vaterländer«. Der Vater Max Kolb war Gartenbaukünstler und Leiter des Botanischen Gartens, die französische Mutter Sophie Danvin eine begabte Konzertpianistin. In ihrem Münchner Elternhaus in der Sophienstraße führte die Mutter, die auch komponierte, einen *Salon français*, in dem Diplomaten, Adlige, Botaniker und Musiker wie Richard Wagner oder Franz Liszt verkehrten.

In dieser stark musisch geprägten Atmosphäre großgeworden, spielten für Annette Kolb zeit ihres Lebens die deutsch-französische Herkunft und die Musik eine große Rolle. Ihre Liebe zur Literatur entdeckte die Kolb früh: »Bücher waren meine Puppen.« Mit auf eigene Kosten publizierten Aufsätzen trat sie 1899 erstmals literarisch an die Öffentlichkeit. Selbstironisch berichtete sie, daß diese niemand gelesen habe außer ihren Förderern, den Literaten Franz Blei und Rainer Maria Rilke. Mit ihrem väterlichen Freund, dem Bildhauer Adolf von Hildebrand, sprach sie über die Berufswahl. Hildebrand riet von der Schriftstellerei ab, doch mochte Annette Kolb sich nicht damit abfinden. Sie ging in den Garten, legte sich bei sternenklarer Nacht auf den Boden und stellte fest: »Es wird doch gehen müssen, mit dem Schreiben.«

Die angehende Autorin nötigte eine Bekannte, ihr Manuskript an die renommierte *Neue Deutsche Rundschau* zu vermitteln. Als diese meinte, das sei »ausgeschlossen«, schlug sie zornig mit ihrem Sonnenschirm auf den Boden und schrie: »Ich habe etwas zu sagen. Was ich zu sagen habe ist wichtig.« Der Text-Torso erschien 1905 bei S. Fischer.

Annette Kolb, die am liebsten im Kaffeehaus schrieb, veröffentlichte Essays, Erzählungen, Übersetzungen, Zeitungsartikel. Bekannt sind vor allem ihre drei Romane, die autobiographische Züge tragen. *Die Schaukel* etwa schildert die Familiengeschichte der Lautenschlags, das sind die Kolbs. Ihre Liebe zur Musik spiegelt sich in Biographien über Mozart und Franz Schubert sowie den Studien *König Ludwig II. von Bayern* und *Richard Wagner* wider. Einmal schreibt sie: »Ich liebte die Musik mehr wie die Bücher.« Sie ging nicht nur begeistert ins Konzert, sondern saß auch selbst gern am Klavier. Für die Pianistin Clara Haskil war sie »ein so musikalisches Wesen, als habe sich die Musik ihrer Substanz, ihres Geistes... bemächtigt«.

Annette Kolb am Flügel,
1927

Annette Kolb war aber auch ein politischer Mensch. Sie empfand sich als Europäerin, zu einem Hauptanliegen wurde ihr die Vermittlung zwischen Deutschland und Frankreich. Die Kunstkritikerin Bertha Zeps Zuckerkandl schrieb 1917/18: »Während Deutsche und Franzosen einander töten, arbeitet sie schon an der Versöhnung der Völker.« Über die radikale Pazifistin wurde im Ersten Weltkrieg vorübergehend eine Reise- und Briefsperre verhängt. 1919 war sie, die oft mit »den Allüren einer Grande-Dame« auftrat, mit René Schickele auf dem Internationalen Arbeiter- und Sozialistenkongreß in Bern zu finden, am stärksten beeindruckte sie hier Kurt Eisner. Als »größte(n) Staatsmann, den Deutschland je hatte«, bezeichnete sie später allerdings den CDU-Politiker Konrad Adenauer, der mit de Gaulle den deutsch-französischen Freundschaftsvertrag schloß. Hermann Kesten meinte: »Sie war erzkatholisch und antiklerikal und liberal.«

In der Weimarer Republik stand Annette Kolb im Mittelpunkt des literarischen Lebens. Die »Femme de lettres« lebte meist in Badenweiler, war mit zahlreichen Politikern und Autoren wie René Schickele, Thomas Mann, Kurt Tucholsky oder Hermann Hesse befreundet und reiste viel. 1933 war für die Pazifistin in Deutschland kein Bleiben mehr, sie emigrierte über die Schweiz nach Frankreich und ging nach dem Einmarsch der deutschen Truppen nach New York ins Exil. Nach dem Krieg kehrte sie sofort mit dem ersten Passagierflugzeug nach Europa zurück: »Amerika ist und bleibt das Land der Freiheit, aber ich möchte vor 200 Jahren nicht mehr dort hin.«

Für die Heimkehrerin begann die Zeit der großen Auszeichnungen und Preisverleihungen. Auf Drängen ihrer Freunde siedelte sie 1961 von Paris wieder nach München über. In ihrer mit Bildern und Büchern vollgestopften Wohnung empfing die alte Dame gern Besuch. Dann plauderte sie bei einem Glas Champagner, immer eine Zigarette im Mund, und streichelte dabei ihre Katze »Zuckerlieserl«. Ursula von Kardorff schreibt: »Mit ihrem Schleierhütchen, dem Lorgnon und dem schwankend-zerbrechlichen Gang war sie eine Erscheinung aus einer anderen Welt, einem anderen Jahrhundert.« Erich Kästner behauptete, sie habe ihr randloses Hütchen, ihre Toque, auch im Bett getragen. Daß sie ihm »in der Münchner Händelstraße auf ihrem geliebten Flügel Mozart« vorspielte, fand er paradox: »Mozart in der Händelstraße!« Am 3. Dezember 1967 starb »die erste Dame Münchens«, die zuletzt zwar nicht mehr lesen konnte, aber bis kurz vor ihrem Tod Klavier spielte.

Nach dem Abstecher in die Händelstraße gehen Sie zurück zur Ecke Weberstraße, wenden sich nach links und kommen zur Möhlstraße mit ihren herrschaftlichen Häusern. Diese führt zum Europaplatz, an dem Sie sich links halten. Sie gelangen auf die Prinzregentenstraße, die Sie nach wenigen Metern überqueren. Nicht zu übersehen ist die

Musiksalon in der Stuck-Villa

❽ **Stuck-Villa**
Prinzregentenstraße 60
Auf Wunsch seiner Frau Mary Lindpaintner ließ der Malerfürst Franz von Stuck 1897 die altrömisch nachempfundene Villa mit Mosaikfußböden und großen antikisierenden Plastiken als herrschaftliches Wohnhaus errichten. Mary Lindpaintner entsprach Stucks Auffassung von weiblicher Schönheit, und er malte sie mehrmals. Zeitgenossen beschrieben sie als Dame, »der sich an hoher und holder vollendeter Schönheit des Gesichts und der Gestalt keine andere vergleichen kann«. Ihretwegen hatte Stuck sein Modell und seine gleichzeitig langjährige Geliebte Anna Maria Brandmeier verlassen, die 1890 ein Kind von ihm zur Welt gebracht hatte. Pikanterweise war Mary Lindpaintner die Patentante.
Berühmt ist der Auftritt der amerikanischen Tänzerin Isadora Duncan (1878-1927) in der Stuck-Villa 1901. Sie überzeugte durch eine spontane Darbietung ihrer Kunst den Maler, der bis dahin keine Beziehung zum Tanz hatte. Die extravaganten, choreographisch revolutionären Tänze der Duncan riefen in der Münchner Boheme, die sich die erotische Rebellion auf

Mary und Franz von Stuck
als Römerpaar, um 1900

❾ Prinzregententheater

Das als Wagner-Bühne im Jugendstil errichtete Prinzregententheater wurde 1901 mit einer Aufführung der *Meistersinger* eröffnet. Der Theaterbesuch war bisweilen ein öffentliches Ereignis. Annette Kolb erinnert sich: »Unvergeßlich waren die Festspiele im Prinzregententheater, die Bayreuth in den Schatten stellten und die schon am Nachmittag begannen... Während der Zwischenakte tagte es noch. Das Publikum, das sich im anliegenden Park erging, bot einen kurzweiligen Anblick: die dekorativsten Männer der Epoche; intakt war noch das Sirenengesicht der Königin von Rumänien; die junge Königin der Belgier war die Anmut in Person. An eine Säule gelehnt unterhielt sich die Gräfin Greffuhle, die Heldin aus dem Roman Marcel Prousts, läßig und ohne Pose, dennoch als gehöre ihr die Welt...« Ab Ende 1996 wird das Prinzregententheater wieder als Opernhaus genutzt. *Direkt am Prinzregentenplatz ist eine U-Bahn-Station.*

ihre Fahnen geschrieben hatte, Begeisterung hervor. Sie trat fast immer barfuß und in halb oder ganz durchsichtigen Kostümen auf. Ihr Tanz besaß eine ungeheure Erotik. Sie selbst schreibt: »Wenn meine Kunst irgend etwas symbolisiert, so symbolisiert sie die Freiheit der Frau und ihre Emanzipation von den sturen Konventionen.«

Nachdem Sie, der Prinzregentenstraße stadtauswärts folgend, die Ismaningerstraße überquert und rechts das Prinzregentenbad mit dem berüchtigten »Lido von Bogenhausen« passiert haben, kommen Sie zum

Ludwigstraße mit Ludwigskirche (re.),
Ludwig-Maximilians-Universität
(li. verdeckt)
und Siegestor (Mitte),
hinter dem Schwabing beginnt

Sechster Spaziergang
»...ein Protest, ein neuer Kult« Schwabing

Der Spaziergang beginnt im Herzen Schwabings an der Universität, wo von den ersten Studentinnen und den Geschwistern Scholl die Rede sein wird. Von dort aus erstreckte sich nach Norden das vielgeliebte »Wahnmoching« der Franziska zu Reventlow, das »Schwabylon« der Dichter, Maler, Schauspieler, Anarchisten, Philosophen und Religionsstifter, Ort der freien Liebe und der freien Sitten. Der Gang durch das Schwabing der Boheme, dessen Atmosphäre heute noch an manchen Plätzen lebendig ist, führt an ehemaligen Künstlercafés und Ateliers, an den Wirk- und Wohnstätten von expressionistischen Dichterinnen und Malerinnen, Lebenskünstlerinnen, Pädagoginnen und Schriftstellerinnen vorbei.

Die Hamilton-Schwestern

Im U-Bahnhof Universität wenden Sie sich zum Ausgang Geschwister-Scholl-Platz und kommen direkt vor das Hauptgebäude der

❶ **Ludwig-Maximilians-Universität**
Geschwister-Scholl-Platz 1
Bis Ende des 19. Jahrhunderts war der Besuch der Universität, die König Ludwig I. 1826 von Landshut nach München geholt hatte, Männern vorbehalten. Die ersten Frauen, die sich hier einschreiben durften, kamen aus dem Ausland, so zum Beispiel die Amerikanerinnen Alice und Edith Hamilton, die Engländerin Gertrud Skeat und einige Russinnen. Man nahm es murrend hin, Ausländerinnen »aus den Quellen deutscher Wissenschaft trinken (zu) lassen«, solange die »deutsche Frau... intakt« (bleibe), heißt es in einem Kommentar von 1896. Gleichwohl konnte den männlichen Kommilitonen nicht zugemutet werden, die Bank im Hörsaal mit einer Frau zu teilen. Daher wurde für Edith Hamilton, die Altphilologie studierte, »eine Art kleine Theaterloge gebaut, ...so daß die Priesterkandidaten sie nicht einmal sehen« konnten. 1903 wurden die Pforten der Münchner Universität schließlich auch deutschen Frauen geöffnet. Mit diesem Beschluß folgte Bayern dem Land Baden, während die übrigen Staaten im Kaiserreich nach wie vor das Frauenstudium ablehnten. Allerdings wurde die Zulassung zunächst auf einige wenige Fächer beschränkt. Erschwerend kam hinzu, daß das Abitur an Mädchengymnasien bis in die zwanziger Jahre nicht zu einem Hochschulstudium berechtigte. Wenn sich Frauen immatrikulieren wollten, mußten sie daher ein Externenabitur an einem Jungengymnasium ablegen. Entsprechend niedrig war der Anteil an weiblichen Studenten. Sprunghaft stieg er erst-

mals in den ersten Kriegsjahren an, als die männlichen Kommilitonen zum Kriegsdienst eingezogen wurden. Boshaft hieß es 1916 in der *Süddeutschen Conservativen Correspondenz:* »Während die Elite der deutschen Männerschaft vor dem Feind verblutet, besetzen daheim die Weibchen die Kollegienbänke, um die gelehrten Berufsarten zu feminisieren.« Sofort nach dem Ersten Weltkrieg ging die Zahl der Studentinnen wieder zurück. Die Öffnung der Universität beseitigte keineswegs die Vorbehalte der Professoren gegenüber dem Wunsch von Frauen nach universitärer Bildung. »Weibliche Hörer sind mir ein Greuel, sie wissen und verstehen nichts, machen sich nur wichtig«, äußerte beispielsweise der Münchner Nationalökonom Lujo Brentano. War schon das Studium nicht ohne Anfeindungen zu durchlaufen, so wurde der Schritt vom Studienabschluß zur Promotion und Habilitation nur noch von wenigen Frauen vollzogen. Vor allem die geisteswissenschaftliche, juristische und theologische Fakultäten wehrten sich gegen die wissenschaftliche Weiterqualifikation von Frauen. Der Germanist Franz Muncker räumte immerhin ein, daß in Ausnahmefällen »eigenartig begabte Frauen als akademische Lehrerinnen« wirken könnten. Seine Kollegen wehrten hingegen ab. Die ersten Frauen promovierten daher in den etwas liberaleren naturwissenschaftlichen Fächern, während an der katholisch-theologischen Fakultät bis 1956 keine Frau promovierte. Die früheste Habilitation einer Frau im Deutschen Reich legte Adele Hartmann 1919 an der Anatomischen Anstalt in München ab. Fünf Jahre später wurde sie, was bis dahin nur einmal vorgekommen war, zur außerordentlichen Professorin ernannt (vgl. S. 95). Die Vergangenheit wirkt bis heute nach. Zur Zeit sind 3 % aller Lehrstühle an der Ludwig-Maximilians-Universität von Frauen besetzt.

In den dreißiger Jahren ist hier wie andernorts die Alma mater, die zu geistiger Freiheit erziehen sollte, einer düsteren Zukunft entgegengegangen. Vor dem Haupteingang befindet sich eine Bronzetafel auf dem Fußboden, die an die Geschwister Scholl erinnert.

Chargierte Studentinnen des deutsch-akademischen Frauenbundes, um 1914

Durch den Haupteingang erreichen Sie den

❷ Lichthof der Universität

Im Februar 1943 verteilten Sophie Scholl (1921-1943) und ihr Bruder Hans (1918-1943), die im Mittelpunkt der christlichen studentischen Widerstandsgruppe *Die Weiße Rose* standen, in der Universität heimlich Flugblätter gegen das NS-Regime. Ihre letzten Exemplare legten die Geschwister auf der Balustrade über dem Lichthof aus. Aus einem spontanen Impuls heraus fegte Sophie die Schriften mit dem Ellbogen über die Brüstung. Die Blätter wehten direkt auf den Pedell herab, der die beiden bedenkenlos denunzierte. Vier Tage später wurden sie nach einem Urteil Freislers im Münchner Gefängnis Stadelheim hingerichtet.

Sophie Scholl führte bis zum Beginn des Krieges ein verhältnismäßig ruhiges Leben. Im Sommer 1939 fuhr sie mit ihrem Freund Fritz Hartnagel an die Ost- und Nordsee und sah in Worpswede Bilder von Paula Modersohn-Becker. Diese gefielen ihr sehr, und verwundert stellte sie fest: »Sie hat für eine Frau ungeheuer selbständig gearbeitet, sich in ihren Bildern nach niemand gerichtet.« Knapp einen Monat später begann Deutschland den Zweiten Weltkrieg, den Sophie Scholl von Anfang an ablehnte. An Fritz Hartnagel schrieb sie am 5. September 1939: »Ich kann es nicht begreifen, daß nun dauernd Menschen in Lebensgefahr gebracht werden von anderen Menschen. Ich kann es nie begreifen, und ich finde es entsetzlich. Sag nicht, es ist für's Vaterland.« Nach der Reifeprüfung im März 1940 meldete sich Sophie Scholl, die eigentlich Biologie und Philosophie studieren wollte, im Ulmer Fröbel-Seminar an. Durch eine einjährige Ausbildung zur Kindergärtnerin hoffte sie, ihrer Pflichtzeit beim Reichsarbeitsdienst zu entgehen. In ihren Briefen setzte sie sich immer wieder mit dem Krieg und dem Soldatentum, mit Fragen der Gerechtigkeit, der Ehre und der Moral auseinander und stellte bald auch die traditionelle Frauenrolle in Frage: »Du (Fritz) findest es sicher unweiblich, wie ich Dir schreibe. Es wirkt lächerlich an einem Mädchen, wenn es sich um Politik kümmert. Sie soll ihre weiblichen Gefühle bestimmen lassen über ihr Denken. Vor allem das Mitleid. Ich aber finde, daß zuerst das Denken kommt, und daß Gefühle oft irreleiten...« Außerdem richtete sie immer wieder den Appell an ihn, sich »emporzuraffen«, nicht im »Spießbürgertum«, im »Wohlbehagen« zu versinken.

Im Kreis der Geschwister und Freunde wurde über politische und religiöse Fragen diskutiert, und während Gleichaltrige abends »Witze« machten, las Sophie Scholl Augustinus. Dies berichtet sie aus dem Lager Krauchenwies bei Sigmaringen, in dem sie ab April 1941 den Reichsarbeitsdienst ableisten mußte. Das Leben im Lager und die oberflächlichen Gespräche der Arbeitsmaiden stimmten sie trübselig: »Manchmal kotzt mich alles an.« Das ersehnte Studium konnte sie erst im Frühjahr 1942 aufnehmen.

In München wohnte sie zunächst bei Carl Muth, dem 70jährigen früheren Herausgeber der mittlerweile verbotenen katholischen Monatsschrift *Hochland*. Carl Muth, dessen Bibliothek Sophies Bruder Hans, damals Medizinstudent, ordnete, hatte großen Einfluß auf die geistige Entwicklung der Geschwister Scholl. Ebenso der Schriftsteller Theodor Haecker, der sein Atelier der *Weißen Rose* für die Vervielfältigung der Flugblätter zur Verfügung stellte. Muth war von Sophie Scholl beeindruckt, er bezeichnete sie als ein »sehr innerliches und ernstes Mädchen«.

Nach dem Sommersemester mußte sie für zwei Monate in einem Rüstungsbetrieb Kriegshilfsdienst leisten, ihr Bruder wurde an die Rußlandfront abkommandiert. Von dort korrespondierten die Freunde Alexander Schmorell, Willi Graf, Hans Scholl und Hubert Furtwängler mit ihrem Mentor Professor Kurt Huber, dessen Philosophie-Vorlesungen in München viele regimekritische Studenten besuchten. Huber dürfte zu diesem Zeitpunkt allerdings noch nicht gewußt haben, daß Schmorell und Scholl die Verfasser der ersten im Sommer 1942 verbreiteten Flugblätter der Weißen Rose waren. Hans Scholl kam im November zurück, und ab Dezember bezogen er und seine Schwester gemeinsam eine kleine Wohnung im Hinterhaus der Franz-Josef-Straße 13 (vgl. S. 134). Im Januar ergriff Sophie Scholl, wohl unter dem Druck der Flugblattaktionen, eine innere Unruhe. Sie sprach Freunden gegenüber von »Traurigkeit« und »Zerstreutheit«.

Sophie Scholl mit ihrem Bruder Hans (li.) und Ch

Am 18. Februar 1943, nach der Katastrophe von Stalingrad, legten Sophie und Hans Scholl das Flugblatt »Kommilitonen! Kommilitoninnen!« vor den Hörsälen der Universität aus.

»bst (re.), 1942

Huber, von dem der Entwurf stammte, hatte darin »die deutsche Jugend« aufgefordert, ein »neues, geistiges Europa« zu errichten.

Sie verlassen das Hauptgebäude durch den rückwärtigen Ausgang und gelangen in die Amalienstraße. *Sie halten sich links, kommen an verschiedenen Buchläden vorbei und biegen an der Schellingstraße rechts ab. Unmittelbar* hinter der nächsten Straßenkreuzung, auf der linken Seite, in Nr. 33, war das

❸ Wohnhaus von Maria Schnür und Franz Marc Schellingstraße 33

Im Erdgeschoß des Hauses hatte die Malerin Annette Simon, Geliebte von Franz Marc, ein Atelier, das der Maler 1907 übernahm. Die gespannte Beziehung zu Annette Simon war in dieser Zeit bereits beendet und Marc inzwischen mit der Kunststudentin Maria Schnür verheiratet, die zwei Stockwerke über ihm wohnte. Ihre Ehe war nicht auf Liebe gebaut, sondern ein Zweckbündnis – Marc verschaffte Maria Schnür durch die Heirat das Sorgerecht für ein uneheliches Kind – und hielt nur ein Jahr. Dennoch war es diese Ehe, die Marcs späterer Verbindung mit der jungen Malerin Maria Franck (1877-1955) Schwierigkeiten bereitete. Obwohl beide seit 1910 gemeinsam in Sindelsdorf lebten und Freunde sie mit »Frau Marc« anredeten, wurde das Zusammenleben erst 1913 standesamtlich legitimiert.

Marc hatte Maria Franck 1906 kennengelernt. Sie malte in dieser Zeit lichtdurchflutete Landschaften und kraftvolle Stilleben. Durch die Bekanntschaft mit Franz Marc, mit dem sie 1908 einen Malsommer in Lenggries verbrachte, änderte sich ihr Stil schlagartig. Die Intensität ihrer Malerei ging verloren, ihr gelang nichts mehr, und schließlich gab sie die Malerei auf, um den Nachlaß ihres 1916 gefallenen Mannes zu verwalten. Sie starb 1955 fast 80jährig.

Sie gehen einige Meter zurück zur Ecke Türkenstraße, in die Sie links einbiegen. Auf der linken Seite sehen Sie die Kneipe

Maria Franck und Franz Marc, 1911 (Fotoausschnitt)

❹ Alter Simpl
Türkenstraße 57
Anfang des Jahrhunderts hieß die Kneipe *Simplicissimus* und wurde von der legendären Wirtin Kathi Kobus (1885-1929) betrieben.

»Längst im Bette
Liegt der Spießer steif und tot.
Ja, dann winkt das traulich nette
Simpel-Gasglüh-Morgenrot.
Und mich zieht's mit Geisterhänden.
Ob ich will, ob nicht, ich muß
Nach den bildgeschmückten Wänden
In den Simplicissimus.

Wo sich zum gemeinen Wohle
Künstler und Boheme trifft,
Wo die Kathi still zur Bowle
Mischt das tödlich scharfe Gift; ...
Wo das Malweib uns stets heimlich
Vor- und hinterrücks skizziert,
Wirkt der Dichter rühm- und reichlich,
Tanzt man, scherzt und rezitiert.
Ist auch vollbesetzt das Zimmer,
Fremdling, stoß dich nicht daran:
Kathi Kobus findet immer
Plätze noch für zwanzig Mann.«

Dieses ist eines von vielen Gedichten, mit denen Ringelnatz die Künstlerkneipe und ihre resolute, geschäftstüchtige Wirtin Kathi Kobus besang. Im Jahr 1903 eröffnete sie ihr Lokal in der Türkenstraße. Eine feste Stammkundschaft hatte sie aus dem benachbarten Künstlerlokal *Dichtelei* mitgenommen, das sie, damals noch Kellnerin, nach einem Krach mit dem Hausherrn hatte verlassen müssen. Zur Eröffnung der neuen Kneipe, die Kathi Kobus provokativ *Neue Dichtelei* nannte, veranstaltete sie einen festlichen Umzug durch die Türkenstraße, der von dem lautespielenden Frank Wedekind angeführt wurde.
Zu den Gästen zählten Schriftsteller, Schauspieler, Maler, Weltbürger sowie die Mitarbeiter der Satirezeitschrift *Simplicissimus*. Als der Besitzer der *Dichtelei* gerichtlich durchsetzte, daß seine Nachbarin ihr Lokal nicht länger *Neue Dichtelei* nennen durfte, überredete die Kobus die *Simplicissimus*-Mitarbeiter bei einer ordentlichen Menge Sekt, den Namen der berühmten Zeitschrift für ihre Kneipe übernehmen zu dürfen. Seither ziert der *Simplicissimus*-Hund, ein zähnefletschendes Biest – Signet der Satirezeitschrift –, das Kneipenschild. Allerdings zerreißt Kathi Kobus' Hund keine Kette, sondern entkorkt eine Sektflasche.
Die Künstlerkneipe mit der allabendlich bespielten Kabarettbühne wurde zu einem beliebten Treffpunkt. Bilder der *Simplicissimus*-Karikaturisten und von Expressionisten drängten sich an den Wänden. Die Diseusen Emmy Hennings (1885-1948) (vgl. S. 135 f.) und Marietta di Monaco (1893-1981) verkauften nach ihren Darbietungen im Publikum ihre Postkarten. In den verrauchten Räumen herrschte eine derbe, ausgelassene Stimmung. Oskar Maria Graf erinnert sich:»...die Kathi Kobus, immer besorgt, daß ihre reiche Toilette nicht in Unordnung kam, hatte Angst und ärgerte sich, wenn ich, die volle Weinflasche in der Hand, unflätig laut und krawallend an den Tisch kam, und fing stets zu schimp-

Kathi Kobus (in d. Mitte stehend) mit Gästen in ihrer Künstlerkneipe »Simplicissimus«

fen an: ›Oskar, sauf nicht soviel, mach keinen solchen Spektakel, das gehört sich nicht... Wenn du dich so benimmst, da wirst du nie berühmt.‹« Und im Weggehen knurrte sie: »›Der – und berühmt? Der wird's höchstens einmal vom Saufen‹.« Der Zorn der Kobus verging aber, wie er gekommen war. »War Kathi mir böse«, berichtet Emmy Hennings, »setzte ich mich zunächst bescheiden und unauffällig ins Publikum... und tat, als hätte ich selbst in meinem ganzen Leben nie gesungen, während Kathi mir zunächst recht unwillige Blicke zuwarf... (Nach einiger Zeit) warf ich Kathi einen bittenden Blick zu... Ob ich singen dürfe? Nur so als Gast. ›Na, sing schon, du mit deinen Till-Eulenspiegel-Augen.‹« Und dann sang Emmy Hennings wieder das *Lied von den Beenekens* und kreischte dabei »wie eine dänische Möwe, die sich von den Wellen des Kattegatts erhebt«.

Emmy Hennings war von Kathi Kobus ebenso »fest« engagiert wie der damals noch unbekannte Ringelnatz, den sie als Hausdichter anstellte, oder Marietta di Monaco: »Ich bin Marietta, bin funkelndes Feuer. Und sehr viel Rauch. Ich habe unordentlich zugeknöpfte orangine Blusen und verkünde nachts im Simplicissimus blaue Fabeln und graue Anekdoten von Klabund. Manche nur sind leise rosa und schmecken wie Himbeerkompott. Ich kriege für den Abend vier Mark und nicht mal warmes Abendbrot«, heißt es in Klabunds *Marietta. Ein Liebesroman aus Schwabing.* Wedekind sang zur Laute, Erich Mühsam und alle, die sich trauten, trugen Verse und Lieder vor.

1912 gab Kathi Kobus die Kneipe auf und zog sich in die Villa Kathis-Ruh in Wolfratshausen zurück. Lange konnte sie sich an ihrem Alterssitz aber nicht freuen. Wirtschaftskrise und Geldentwertung trafen sie nach dem Ersten Weltkrieg schwer. 1919 kehrte sie in das heruntergekommene *Simplicissimus* zurück – als Angestellte. Dort arbeitete sie bis zu ihrem Tod 1929.

Nur wenige Häuser vom Alten Simpl entfernt war die

Frida Uhl,
1892

Signet des »Simplicissimus«, um 1909

❺ **Wohnung von Frida Uhl und Frank Wedekind Türkenstraße 69**

Die geschiedene Frau des schwedischen Dramatikers August Strindberg, Frida Uhl, lebte hier am Ende des letzten Jahrhunderts vorübergehend bei Frank Wedekind, mit dem sie ein Verhältnis hatte. Der Schriftsteller Theodor Lessing erinnert sich: »Zu der Schar tanzender Weltkinder gehörten auch Franziska zu Reventlow und Frida Uhl, …die von Strindberg ein Kind hatte und ein zweites Kind von Wedekind. Diese beiden schwebten stets in Geldverlegenheiten«, fanden aber immer wieder Mäzene und Liebhaber, die ihnen aus der finanziellen Misere halfen.

Sie folgen weiter der Türkenstraße bis zur Ecke Akademiestraße. Gleich im zweiten Haus auf der rechten Seite befand sich die

❻ Wohnung von Anna Mühlberger Akademiestraße 21

Anna Mühlberger (1838-1902), eine ehemalige Hofschneiderin aus Hannover, verdiente ihr Geld als Zimmerwirtin. 1889 zog Frank Wedekind bei ihr ein, der eine gewisse Anhänglichkeit an Anna Mühlberger entwickelte, obgleich die Beziehung zwischen der Vermieterin und dem jungen Schriftsteller nicht ohne Spannung war. Denn bei Anna Mühlberger plagten ihn im Winter Kälte, im Sommer Fliegen sowie Wanzen und ein Gestank, »der einen schier zu Boden wirft«. Diesen verursachten zwei Katzen und der Hund Bella. Wedekind mochte die Tiere nicht und hatte deshalb oft »Krakeel mit Frau Mühlberger wegen Katzenstinkerei«. Er machte es seiner Wirtin allerdings auch nicht leicht. Die »Höllenwirtschaft«, wie seine Wohnung hieß, stand Tag und Nacht den Freunden offen. Zum Ärger der Nachbarn stiegen »Herrn mit Weibsbildern bei (seinem) Fenster ein und aus«, so daß man die »Gendameri besonders auf das Fenster aufmerksam machen will. Also bitte sehr zu beherzigen«, schreibt Frau Mühlberger daraufhin besorgt, »den(!) ich möchte nicht alle Tage so vil Kummer erleben wie heute.«

Trotz dieser Reibereien mochte Wedekind seine tierliebe Wirtin, der er in *Bella. Eine Hundegeschichte* (1920) ein Denkmal setzte.

Auf der gegenüberliegenden Straßenseite sehen Sie die

❼ Akademie der Bildenden Künste

Bis zum Wintersemester 1920/21 war Frauen der Zugang zur Akademie verschlossen. Noch im Herbst 1918 heißt es in einem Gutachten des Professorenkollegiums zur Frage der Zulassung von Frauen zum Kunststudium: »Die gleiche Kunstbegabung beider Geschlechter vorausgesetzt, zeigt doch die Erfahrung, daß mit wenigen Ausnahmen die künstlerische Betätigung der Frauen sich beschränkt auf das Bildnis, die Landschaft, das Stilleben und das Kunstgewerbe. Freie Komposition und monumentale Aufgaben scheinen der Veranlagung der Frauen weniger zu entsprechen. Diese Selbstbeschränkung... hat ihren Grund sicher nicht im Mangel einer entsprechenden Ausbildungsmöglichkeit, sondern eines richtigen Gefühls für die Grenzen der eigenen Begabung.« Solange die Akademie Frauen nicht aufnahm, ließen diese sich auf der Kunstgewerbeschule (vgl. S. 153) oder in der Künstlerinnenschule ausbilden.

Sie gehen zurück zur Türkenstraße, von der nach wenigen Metern links die Rambergstraße abbiegt. Hier finden Sie die

zog sie nach München, wo sie durch Vermietungen ihre Einnahmen aufbesserte. Um die Finanzen Julia Manns stand es hingegen in dieser Zeit nicht schlecht. Sie hatte eine Achtzimmerwohnung bezogen.
Die Rambergstraße führt auf die Kurfürstenstraße, in die Sie rechts einbiegen. Auf der gegenüberliegenden Straßenseite, im Haus Nr. 13, befand sich seit 1918 die

Julia Mann, 1900

❽ Wohnung von Julia Mann Rambergstraße 2
Julia Mann (1851-1923), die Mutter von Heinrich und Thomas Mann, lebte hier von 1893-1898 mit ihren beiden Töchtern Carla und Julia. Thomas Mann hatte seine Mutter vor Augen, als er die Senatorenwitwe Frau Rodde in den Roman Doktor Faustus einführte, die in der Rambergstraße Zimmer vermietete. Die Senatorin hatte, so der Roman, »ein Leben lang als gefeiertes Mitglied einer patrizischen Gesellschaft repräsentiert, einem dienstbotenreichen und verpflichtungsvollen Haushalt vorgestanden. Nach dem Tod ihres Gatten..., bei stark herabgesetzten Verhältnissen und wohl nicht ganz zu bewahrender Stellung in dem gewohnten Milieu«

❾ Expressionistische Zentrale »Die Bücherkiste«
Kurfürstenstraße 13 (früher 8)

Die *Expressionistische Zentrale »Die Bücherkiste«* diente als Verlag, Buchhandlung und Treffpunkt der Münchner Expressionisten. Nachdem der gleichnamige Verlag bereits seit sechs Jahren in derselben Straße ansässig war und jungen Dichtern ein Forum für ihre Arbeiten bot, wurde die Zentrale 1918 von dem Verleger Heinrich F. S. Bachmair und seiner Lebensgefährtin, der Dichterin Maria Luise Weissmann (1899-1929), in diesem Haus eröffnet. München war in den ersten drei Jahrzehnten unseres Jahrhunderts ein Zentrum des kulturrevolutionären Aufbegehrens junger Literaten und Literatinnen. Frauen spielten in dieser geistigen Bewegung eine besondere Rolle. Sie wurden als Geliebte und Begehrte, als Dämonin, Mutter und Heilige von den expressionistischen Autoren stilisiert. Verkannt wird hingegen oft, daß sie nicht nur den Part der »Umdichteten« übernahmen, sondern selber zur Feder griffen und über ihre Sehnsucht und Traurigkeit, über ihre Liebe, Träume und Heimatlosigkeit schrieben.

»Ich jage weiter, über alle Brücken, / Suche an allen Ufern und kann die Heimat nicht finden«, lautet das Ende eines Gedichts von der beinahe vergessenen Münchner Expressionistin Mimi Korschelt, von der wir heute nur noch die Gedichte kennen, die sie in der Zeitschrift *Aktion* veröffentlichte. Auch Emmy Hennings Lyrik handelt fast immer von Einsamkeit: »Wo schwebt mein Sein, mein süß

Maria Luise Weissmann, 1918

Verliebter? / Wo ist mein Lieben nun, in dich hineingeliebt, geblieben? / Im Gruß liegt Abschied – im Anfang Ende. / Nur manchmal scheint meine Sehnsucht durch alle Wände«, heißt es in *Türmen sich Tage*. Und Maria Luise Weissmann, die seit ihrer Jugend eine schwache Konstitution hatte und in ihrem 30. Lebensjahr starb, schreibt sanft und verhalten: »Ich aber halte die Hände gefaltet, denn ich bin müde, / Und höre verwundert auf das beschwingte Schreiten / Der Menschen, die auf der Straße vorübergleiten, / So sehr sind ihnen heute die Glieder leicht. / Nur ich liege, schwergebettet in meine Müde.«

Sie alle gehörten zur Schwabinger Boheme, waren jung, ruhelos und unstet. Da sie oft vollkommen mittellos waren, verdienten sie ihr Geld als Malermodelle und Schauspielerinnen wie Emmy Hennings oder Paula Ludwig (1900-1974), die 1918 nach München kam und eigenwillige Liebesgedichte verfaßte:

»Und ist es nicht / Als ob aus den Wänden ringsum / Deine Hände wüchsen, / sich wie feurige Zungen / Eintauchend in mein Herz. –«

Getrieben von der Sehnsucht nach neuen Lebens- und Kunstformen, zog es diese Frauen in die freie, künstlerische Atmosphäre Schwabings. Hier meinten sie, ihr Aufbruchgefühl am besten ausleben zu können. Den Enthusiasmus dieser Generation brachte Henriette Hardenberg (1894-1992) bereits in ihrem ersten, noch in Berlin entstandenen Gedicht mit den Worten zum Ausdruck: »Wir werden herrlich aus Wunsch nach Freiheit... Wir sind so schön im Sehnen, daß wir sterben könnten.«

Henriette Hardenberg, 1923

Henriette Hardenberg zog während des Ersten Weltkriegs nach München, als viele Freunde an der Front waren. Der Krieg, den sie und die daheim gebliebenen Lyrikerinnen fern vom Schlachtfeld und den Freunden erlebten, wurde nun neben den Träumen, Sehnsüchten und Ängsten häufig thematisiert.

»Laternen werden angezündet, / Als wären meine Freunde nicht gestorben, / Jeden Abend begrüßen mich die Lichter / Mit dem Lächeln Kämpfender«, dichtet Henriette Hardenberg, und das Gedicht *Krieg* von Franziska Stoecklin (1894-1931), die als Malerin und Dichterin zwischen München, Berlin und Frankfurt pendelte, endet mit den Zeilen:

»Rot brennen die Dörfer. Der Armen Hütte, / Gotische Kirche, Gebet und Gelächter zerfällt. / O wie haben wir Menschen die Erde entstellt.«

Gegen das entsetzliche Grauen des Krieges erhoben sich ihre Stimmen der Empörung und Anklage. Claire Goll (1891-1977) rief sogar die »Stunde der Frauen« aus. 1917 schreibt sie: »Aus diesem Krieg müßten wir ewigen, zur Passivität verdammten Minderjährigen hineinwachsen in unsere Erdball-Aufgabe: der Mitarbeit an der Vergeistigung und Verbrüderung aller Menschen.«

In den ersten Nachkriegsjahren erreichte das literarische Schaffen der Expressionistinnen den Höhepunkt. Dann brach die Bewegung auseinander. Die Dichterinnen gingen getrennte Wege. Emmy Hennings war schon 1915 in die Schweiz emigriert, Paula Ludwig zog 1923 nach Berlin, ein

Jahr später folgte ihr Henriette Hardenberg. Ruth Schaumann, die 1920 mit dem Gedichtband *Kathedrale* an die Öffentlichkeit trat, blieb in München (vgl. S. 80), konvertierte aber zum Katholizismus, während Claire Goll nach Paris ging. Von anderen Lyrikerinnen wie Mimi Korschelt verlor sich die Spur.

Sie bleiben bis zur nächsten Straßenecke auf der Kurfürstenstraße und biegen rechts in die Georgenstraße, von der dann links die Friedrichstraße abgeht. Die erste Straße links, die auf die Friedrichstraße stößt, ist die Konradstraße. Hier befand sich im ersten Haus auf der linken Seite in den zwanziger Jahren die

❿ Wohnung von Else Jaffé Konradstraße 16

Else Jaffé, geb. von Richthofen (1874-1972), und ihre Schwester Frieda von Richthofen, verheiratete Weekly (1879-1956), führten ein unkonventionelles, turbulentes Leben. Beide waren Rebellinnen, schön und leidenschaftlich, die eine dem Intellekt verpflichtet, die andere dem Eros. Else, die ältere von beiden, studierte in Berlin bei Max Weber und promovierte in Volkswirtschaft. Aus der Ehe mit dem Nationalökonomen Edgar Jaffé floh sie in eine chaotische Liebesaffäre mit dem radikalen, rauschgiftsüchtigen Otto Groß, einem Schüler Freuds, der in München wohnte. 1907 wurde sie von ihm schwanger. Die größte Rivalin in dieser Beziehung war nicht die Frau von Otto Groß, sondern ihre eigene Schwester Frieda, die Groß

Die Richthofen-Schwestern Else (li.) und Frieda (re.) mit ihrer Mutter, Baronesse Anna

während eines München-Aufenthalts kennen- und liebenlernte. Mit ihr kam es zu dramatischen Eifersuchtsszenen. Else Jaffé verließ daraufhin Groß, stürzte sich in neue Liebesabenteuer, bis sie ihre große Liebe in Max Weber fand. Dieser, mit Marianne Weber verheiratet, litt in der Beziehung zu Else Jaffé jedoch unter quälend schlechtem Gewissen. Max Webers Bruder Alfred, seit 1900 leidenschaftlich in Else Jaffé verliebt, gewann erst nach dem Tod des berühmten Bruders die Liebe Elses. Frieda Weekly aber trennte sich von Otto Groß, ließ sich später von ihrem Mann scheiden und heiratete den englischen Schriftsteller D.H. Lawrence.

Sie setzen den Weg auf der Friedrichstraße fort bis zur Franz-Joseph-Straße. An der Ecke wenden Sie sich nach links und kommen zum Haus Nr. 31. Das Gebäude beherbergte Anfang des Jahrhunderts die bekannte

⓫ Höhere Mädchenschule Kerschensteiner
Franz-Joseph-Straße 31

Die außergewöhnliche Pädagogin Julie Kerschensteiner (1878-1950) eröffnete 1905 die berühmte »Höhere Mädchenschule«. Als Nichte des bekannten Schulreformers und Münchner Schulrats Georg Kerschensteiner war sie familiär vorbelastet. Die Schriftstellerin Ina Seidel, eine ihrer Schülerinnen, bezeichnete sie als »berufene Pädagogin«: »Sie verstand das, was man bei den Lehrern jener Zeit nicht häufig antraf, nämlich, eine durchaus kameradschaftliche Haltung den Schülerinnen gegenüber mit unbetonter Aufrechterhaltung der Autorität zu vereinigen.« Aufgrund ihrer »Menschlichkeit« und »Wärme« wurde sie Ina Seidel zum unvergeßlichen Vorbild. Noch eine andere Schriftstellerin und einstige Schülerin schwärmte von der Kerschensteiner – Claire Goll. Die nach eigenem Bekenntnis »verrückteste« ihrer Schülerinnen verehrte die Schulleiterin geradezu hymnisch. Die Worte der Lehrerin waren Claire Goll, die sich zu Hause ungeliebt fühlte, »überirdische

Julie Kerschensteiner (1. Reihe re., sitzend) mit Schülerinnen, um 1907

Nahrung«. In ihrer Autobiographie *Traumtänzerin. Jahre der Jugend* schreibt sie: »Diese Frau, die Noblesse und Menschlichkeit, Geist und Anmut, Autorität und Milde zu vereinen schien, war für mich eine Offenbarung.«
Die offensichtlich charismatische und mit großem pädagogischen Geschick begabte Julie Kerschensteiner hatte bald über 300 Schülerinnen. Gleichermaßen bestürzt waren deshalb Eltern und Schülerinnen, als die Kerschensteiner 1911 die Schulleitung niederlegte, um mit dem jungen Lehrer Dr. Ernst Reisinger eine Familie zu gründen. Doch dauerte ihr Rückzug ins Privatleben nur acht Jahre. 1919 übernahm sie mit ihrem Mann das Süddeutsche Landerziehungsheim Schondorf, das sie gemeinsam bis zur Vertreibung durch die Nationalsozialisten im Jahr 1944 führten.

Ein Stück weiter, auf der gegenüberliegenden Straßenseite, biegen Sie in die Römerstraße ein, von dort rechts in die nächste Querstraße, die Ainmillerstraße. Im Rückgebäude des Hauses Nr. 36, heute ein Neubau, befand sich von 1908-1914 die

❿ Atelierwohnung von Gabriele Münter und Wassilij Kandinsky Ainmillerstraße 36

1909 zog Gabriele Münter (1877-1962) hier ein. Sie war 1901 nach München gekommen, um an der Schule des Künstlerinnenvereins Malerei zu studieren. Wenige Monate nach ihrer Ankunft besuchte sie zufällig eine Ausstellung der eben gegründeten Künstlervereinigung *Phalanx*. Die Begegnung mit den Bildern dieser Avantgardisten wurde ihr zum Initiationserlebnis. Sie entschloß sich, das konventionelle Studium seinzulassen, und wechselte zur *Phalanx*-Schule, die sich nicht weit von hier im Rückgebäude der Hohenzollernstraße 21 befand. Dort lehrte der russische Maler Wassilij Kandinsky einen neuartigen Unterrichtsstil, entrümpelte die überfüllten Ateliers von den verstaubten Requisiten und fuhr mit seinen Schülern auf Fahrrädern nach Kochel, um im Freien zu zeichnen. Kandinsky wurde durch die Fortschritte seiner neuen Schülerin auf deren Begabung aufmerksam. Er bewunderte vor allem die ungezwungene Leichtigkeit, mit der sie arbeitete. »Du bist hoffnungslos als Schülerin«, schrieb er ihr, »man kann Dir nichts beibringen. Du hast alles von Natur.« Zwischen ihm und Gabriele Münter bahnte sich bald eine Beziehung an. 1903 kam es zur Verlobung, obwohl Kandinsky noch mit seiner Cousine Anna Tschimiak verheiratet war und mit ihr eine gemeinsame Wohnung in Schwabing unterhielt. Um der unhaltbaren Situation zu entkommen, bereisten die Jungverlobten Holland, Afrika und Frankreich und kehrten schließlich nach München zurück. Einschneidend für die Entwicklung der Malerei Gabriele Münters wurde 1908 ein Sommeraufenthalt in Murnau, gemeinsam mit Kandinsky und den Malerfreunden Marianne Werefkin und Alexej Jawlensky. Hier gelangte Gabriele Münter zu einer

Gabriele Münter, *Selbstbildnis*,
um 1909

neuartigen farbintensiven Umsetzung der Natur, zu einer Befreiung des Sehens. »Immer mehr erfaßte ich die Klarheit und Einfachheit der Welt«, schrieb sie später über diese Wochen. »Ich habe da nach kurzer Zeit der Qual einen großen Sprung gemacht – vom Naturabmalen – zum Fühlen des Inhalts.« Sie schuf nun überwältigende, großzügig hingeworfene Landschaften. Auf Anregung Kandinskys erwarb sie im folgenden Sommer in Murnau ein Haus, das »Russenhaus«, das beide fortan für längere Malaufenthalte bezogen. Während Landschaften im sommerlich warmen, farbenprächtigen Licht des Murnauer Mooses entstanden, malte Gabriele Münter im Winter die ersten Stilleben, die sie zunehmend mystifizierte und zu großer Eigenständigkeit führte. Über das Entstehen des Bildes *Stilleben Klage* berichtet sie: »Einmal in der Ainmillerstraße... stand ich nach dem Frühstück u. sah dem Rauch der Zigarette nach. Da stand auf dem Tischchen an der Wand von Madonnenfigürchen, Glasbildern, dem von mir gemalten Bäckerglas u. dem roten Stopfei ein Stilleben, dunkel, tief, wie

Gabriele Münter (Mitte) als Schülerin der »Abendakt«-Klasse Kandinskys in der *Phalanx*-Schule, 1902

eine Klage. Ich nahm die große Leinwand schnell, machte sie aus einem Farbtopf... Als es geschehen war und ich aufschaute schien es gut – so, daß ich ›Donnerwetter‹ sagte. Aber eine Klage war es nicht, es war ein Geheimnis.« Daß sie »zum Geheimnisvollen« neigte, empfand auch August Macke, den sie 1911 kennenlernte. In ihr sei »etwas Deutsches... etwas Altar- und Familienromantik«, so schrieb er einem Freund. Sie war sich mit Kandinsky darin einig, daß nur durch den »inneren Klang«, durch eine »innere Notwendigkeit« und wahrhafte Empfindung das Wesen der Welt in der Kunst zur Anschauung gebracht werden könne.

Diese künstlerische Weltsicht teilten beide mit dem Freund Franz Marc sowie den anderen Mitgliedern des *Blauen Reiters*. Gleichwohl kam es in der Gruppe 1912 erstmals zu Spannungen. Gabriele Münter war daran nicht schuldlos, da sie empfindlich, manchmal schroff und verschlossen war. Marc schrieb in großer Verstimmung: »Ich könnte dieses Frauenzimmer direkt kaputt schlagen.« Auch das Verhältnis zu Kandinsky wurde brüchig. Gabriele Münter begann, eigene Wege zu gehen, und stellte 1913 erstmals allein ihre Bilder in der Sturm-Galerie von Herwarth Walden in Berlin aus.

Ein Jahr später, nach Ausbruch des Krieges, löste sich der expressionistische Freundeskreis auf. Kandinsky kehrte nach Rußland zurück, ohne daß der endgültige Bruch mit der Münter vollzogen wurde. Aus Moskau schrieb er ihr noch 1915: »Wieder

Gabriele Münter, *Stilleben Klage*, 1911

dachte ich an deine Bilder und ärgerte mich schmerzlich, daß du nicht viel energischer arbeitest. Gottes Funke steckt in Dir, was so unglaublich selten bei den Malern zu finden ist.« Doch die gemeinsamen Jahre waren vorbei. 1916 trennten sich Gabriele Münter und Kandinsky in Stockholm endgültig. Die Malerin lebte später, nach Jahren des Reisens, von 1931-1962 in Murnau und erlangte nach dem Zweiten Weltkrieg große künstlerische Anerkennung.

Ein Haus weiter, in der Nummer 34, befand sich im vierten Stock die

⓭ Wohnung des »poète à femmes« Rainer Maria Rilke Ainmillerstraße 34

Im November 1918 ging die Schriftstellerin Claire Studer, die spätere Frau Ivan Golls, eine leidenschaftliche Liaison mit dem »poète à femmes« Rainer Maria Rilke ein, der hier 1918/19 lebte. Dieser übte eine große

Lou Andreas-Salomé (re.) und
Rainer Maria Rilke (2. v. li.)
in Wolfratshausen bei München, 1897

Claire Goll, um 1920

Anziehungskraft auf Frauen aus. »Es ist keiner Frau je gelungen, ihm zu widerstehen«, schreibt Claire Goll in ihren Erinnerungen.

In der Tat ist die Reihe seiner Liebschaften beachtlich. Zu nennen wäre die expressionistische Malerin Lou Albert-Lasard, die 1912 mit Léger in Paris zusammengearbeitet hatte, oder die Lyrikerin und Psychoanalytikerin Lou Andreas-Salomé (1861-1937). Die aus St. Petersburg Gebürtige hatte ein lebhaftes Interesse an Kunst und Wissenschaft, war intellektuell, schön und gesellschaftlich gewandt. Diese außerordentliche Frau faszinierte nicht nur Rilke, sondern auch Nietzsche und Freud. Die Beziehung zwischen ihr und Rilke fiel in die frühen Münchner Jahre des Dichters kurz vor der Jahrhundertwende. Sie spielte für Rilke die Rolle der »Erdmutter oder der Liebesgöttin«. Die vielbegehrte Lou führte im übrigen ein sprödes Eheleben. Ihr Mann zeugte seine Kinder mit der Haushälterin Marie.

Im Rückgebäude des benachbarten Hauses, heute ein Neubau, war die

⓮ Wohnung von Lily und Paul Klee
Ainmillerstraße 32

Lily Stumpf und der Maler Paul Klee waren kurz nach ihrer Hochzeit 1906 hier eingezogen und wohnten bis 1921 im zweiten Stock des Rückgebäudes. Von der Nachbarschaft zu dem Malerpaar Gabriele Münter und Wassilij Kandinsky wußten sie allerdings lange nichts. Den Kontakt nahm zuerst Lily Klee auf, die oft Bilder

Lily und Paul Klee, kurz nach ihrer Heirat, 1906

ihres Mannes nach nebenan zu »Schlabinsky«, wie sie Kandinsky nannte, brachte und mit Bildern des Russen zurückkam. »Sehr merkwürdige Bilder«, fand Klee.
Ganz zerstört ist das Haus Nr. 28, das an der Ecke zum Habsburgerplatz lag. Auf dem heute unbebauten Grundstück stand das

Marianne Plehn

⓯ Wohnhaus von Marianne Plehn Ainmillerstraße 28

Die promovierte Zoologin Marianne Plehn (vgl. S. 95) und langjährige Freundin Ricarda Huchs gilt als Begründerin der Fischpathologie. 1914 erhielt sie als erste Frau in Bayern den Titel eines Königlichen Professors. Ika Freudenberg lobte »ihre ungemein sympathische, natürliche, schlicht sachliche Darstellungsweise«.

Jenseits des Habsburgerplatzes setzt sich die Ainmillerstraße fort. In diesem Teil Schwabings ist noch etwas von der besonderen Atmosphäre zu Beginn unseres Jahrhunderts zu spüren. In dem leider zerstörten Haus Nr. 18, an dessen Stelle heute ein Gebäude des Beck-Verlags steht, lebte die Schriftstellerin Isolde Kurz.

⓰ Wohnung von Isolde Kurz
Ainmillerstraße 18

In wechselnden Wohnungen, im dritten und vierten Stock, verbrachte die Schriftstellerin Isolde Kurz (1853-1944) von 1913-1944 einen Großteil ihres Lebens. Die traditionsbewußte Autorin, die von ihren Zeitgenossen als »Priesterin der reinen Kunst« bezeichnet wurde, verstand es zu erzählen. Mit der Boheme verband sie wenig, sie lehnte naturalistische und expressionistische Texte ab. Im Ersten Weltkrieg wurde sie zur »Kriegsdichterin« der Nation. Ihre Propagandagedichte wurden in den Liebespaketen ins Feld mitgeschickt.

Sie verlassen jetzt die Ainmillerstraße, indem Sie nach rechts in die Wilhelmstraße gehen, die in die Franz-Joseph-Straße mündet. Schräg rechts, auf der gegenüberliegenden Straßenseite, ist die Fassade des Hauses Nr. 13 zu sehen. Im Gartengebäude lag die

⓱ Wohnung von
Sophie und Hans Scholl
Franz-Joseph-Straße 13

Die Geschwister Sophie und Hans Scholl (vgl. S. 115 ff.) lebten nur wenige Monate, von Dezember 1942 bis zu ihrer Verhaftung im Februar 1943, in diesem Haus. Von hier aus organisierten sie ihre Untergrundarbeit. Eine Gedenktafel am Vorderhaus erinnert heute an sie.

Sie können links durch einen Toreingang in den Hinterhof gehen, um das original erhaltene Hinterhofgebäude zu sehen.

Sie wenden sich nun auf der Franz-Joseph-Straße nach rechts, um auf die Leopoldstraße, die beliebte Münchner Flaniermeile, zu kommen. Auf der »Schwabinger Rue royale«, wie Ina Seidel sie einmal nannte, halten Sie sich links. Zwischen hohen Häusern liegt geduckt die Nr. 41, heute ein lieblos restauriertes Gebäude. Das ehemals vierstöckige Haus wurde 1944 zerstört und nach dem Krieg nur bis

Isolde Kurz, um 1914

zum ersten Stock wiederaufgebaut. Hier befanden sich das

⓲ Café Noris sowie Wohnungen von Emmy Hennings und Franziska zu Reventlow Leopoldstraße 41

Im Café Noris verkehrten in den Jahren 1901/02 häufig Nadeshda Konstantinowa Krupskaja (1869-1939), Theoretikerin der modernen russischen Pädagogik, und ihr Mann Lenin. Die damals 32jährige fühlte sich in Schwabing wohl. Wie ihre politischen Freunde Rosa Luxemburg, Leo Trotzki und Parvus war sie davon überzeugt, daß die Monarchie in Europa am Ende sei, und beteiligte sich an der Vorbereitung der Russischen Revolution. Heute erinnert nichts

Nadeshda Krupskaja, 1919

Emmy Hennings, vor 1913

mehr an das Café Noris und die revolutionären Zusammenkünfte. Die Gedenktafel am Haus ist Franziska zu Reventlow gewidmet, die hier einen ihrer zahlreichen Wohnsitze hatte (vgl. S. 77 ff.)

Eine andere Hausbewohnerin war die expressionistische Dichterin Emmy Hennings, die in den Jahren 1913/14 im ersten Stock unterkam. Die aus einer Seemannsfamilie stammende Hennings führte ein rastloses Wanderleben als Kabarettistin und Schriftstellerin. »Was auf meinen Papieren steht, ...daß ich Schauspielerin, Fabrikarbeiterin, Photographin usw. bin, das besagt nicht viel..., (denn) mein einziger Beruf ist, das zu erlernen, was ich bin.« 1912 kam sie nach München und stand schon bald im Mittelpunkt der künstlerischen Avantgarde. Sie

135

sang in den zahllosen Künstlerkneipen Schwabings. Im Café *Simplicissimus* (vgl. S. 119 ff.) lernte sie ihren späteren Mann Hugo Ball kennen, mit dem sie 1915 nach Zürich emigrierte und das berühmte *Cabaret Voltaire* gründete.
An der Ecke Kaiserstraße überqueren Sie die Leopoldstraße und gelangen in die Fendstraße. Im Haus Nr. 6 war die

⑲ Wohnung von Regina Ullmann
Fendstraße 6

Die jüdische Schriftstellerin Regina Ullmann (1884-1961) aus St. Gallen kam 1902 nach München, wo sie mit Unterbrechungen bis 1938 lebte. Sie liebte diese Stadt, denn sie schien ihr »verschwenderisch auch im geistigen Sinne«. Regina Ullmann war eine schwierige, schüchterne und verletzliche Person, die aus kurzen Affären, u.a. mit dem Psychotherapeuten Otto Groß, zwei uneheliche Kinder hatte. Die mit Anna und Ludwig Derleth, Thomas Mann, Karl Wolfskehl und vielen anderen befreundete Ullmann fand einen besonderen Fürsprecher und Verehrer ihres literarischen Werks in Rainer Maria Rilke. Die behutsamen Erzählungen trieben ihm »Tränen in die Augen«, und er war davon überzeugt, daß »man (diese Dichterin) künftig neben Texten Büchners und Claudius' in Anthologien« finden werde. In den dreißiger Jahren emigrierte sie über Österreich in die Schweiz, wo sie bis kurz vor ihrem Tod in einem Ordensstift lebte. Sie ist heute zu Unrecht weitgehend vergessen.

Regina Ullmann

Sie folgen der Straße bis zur Siegesstraße, biegen links in diese ein und kommen dann auf den Wedekindplatz. Scharf rechts geht die Werneckstraße ab. Auf der linken Seite liegt das

⑳ Schlößchen Suresnes
Werneckstraße 24

Das Schlößchen Suresnes wurde 1715-18 errichtet und erhielt seinen Namen von einem Schloß westlich von Paris. Häufiger Besitzerwechsel führte dazu, daß das Schlößchen schnell verkam. Als die Bildhauerin Elisabeth Ney (1834-1907), die »erste Künstlerin Schwabings« (vgl. S. 139), die bekannte Plastiken von Ludwig II. schuf, 1869 Suresnes als Wohn- und Atelierhaus nutzte, waren die feudalen Gemächer in einem jämmerlichen Zustand. Auf Elisabeth Ney folgten Schriftsteller, Maler und weitere Bildhauer. Die Künstlerfeste im weitläufigen Schloßpark um die Jahrhundertwende waren berühmt, Suresnes bekam den Ruf eines idyllischen Zufluchtsortes für die Münchner Künstlerszene.

Ein Stück weiter biegt die Seestraße mit kleinen hübschen Häusern, den Resten des dörflichen Schwabings, ab. Am Ende der Straße, auf der rechten Seite, stoßen Sie auf das

❷❶ Wohnhaus von Helene Böhlau Seestraße 16 (früher 3c)

Die Schriftstellerin Helene Böhlau (1859-1940) lebte in diesem Haus um die Jahrhundertwende zusammen mit ihrem extravaganten Mann, dem Religionsphilosophen Omar al Raschid Bey. Das Ehepaar unterhielt einen stadtbekannten orientalischen Salon, in dem Omar al Raschid Bey seine Gäste in Schlafrock und Fez begrüßte. Dabei war er keineswegs arabischer Herkunft, sondern eigentlich ein deutscher Privatgelehrter namens Friedrich Arndt. In Weimar verheiratet, verliebte er sich in die blutjunge Helene Böhlau aus der bekannten Verlegerfamilie. Um heiraten zu können, reisten sie nach Konstantinopel, und er nahm dort den islamischen Glauben an. Die mit Helene Böhlau befreundete Ina Seidel erinnerte sich später an das seltsame Paar: »Nicht mehr wandelt die stattliche Helene Böhlau mit ihrem burnusumwallten Gatten Al Raschid Bey majestätisch ihrem Heim in der Seestraße zu; ...aber immer

Helene Böhlau, um 1900

noch steigt der Mond hinter dem Englischen Garten herauf... und die ewigen Amseln singen im Morgengrauen wie einst.«

Die Schriftstellerin Ina Seidel lebte in unmittelbarer Nähe. Zu ihrem Wohnhaus gelangen Sie, indem Sie zurück auf der Werneckstraße in die Nicolaistraße rechts einbiegen. Diese mündet auf den Nicolaiplatz. Im Haus Nr. 1a lag im dritten Stock die

❷❷ Wohnung von Ina Seidel Nicolaiplatz 1a

Die Arzttochter Ina Seidel (1885-1974) war eine große Freundin der bayerischen Landeshauptstadt: »In München jung gewesen zu sein aber bedeutet, dieser einzigen Stadt für immer verfallen zu sein...« In ihren Erinnerungen *Drei Städte meiner Jugend* und dem *Lebensbericht 1885-1923* schreibt sie begeistert über die Isarmetropole mit ihrem »königlichen Gepräge«. Sie schätzte den »großartigen, aber behaglichen« Charakter der Residenzstadt. Die Straßenbahn wurde erst allmählich elektrifiziert, zum Fahrradfahren benötigte man einen Führerschein, wobei die Fahrschule ihre Kurse im Saal einer Brauerei abhielt.

Die Seidels, die 1897 nach München zogen, lebten anfangs im Lehel, ehe sie sich 1903 am schönen Nicolaiplatz niederließen: »... von dem langen schmalen Balkon aus sahen wir an Föntagen die Berge am Horizont, und aus nächster Nähe hinunter auf die

Ina Seidel, 1940

fast noch ländlich wirkende Welt des damaligen Schwabings: ein dörfliches Anwesen, in dessen Grasgarten Hühner ihr Wesen hatten, kleine weinumrankte Häuser, von denen heute nur noch vereinzelte stehen...«

Die junge Ina Seidel verkehrte in den Häusern des Verlegers Hanfstaengl und des Heimatschriftstellers Ludwig Ganghofer, in denen Prominente wie die Schauspielerin Clara Ziegler, Richard Strauss und der Maler Franz von Stuck ein und aus gingen. Dieses Salonleben nahm sie vor allem als Beobachterin wahr. Mehr interessierte sie sich für die Schwabinger Boheme, für den »feierlichen« Kreis um Stefan George und den »bunten« um die Gräfin Reventlow, die jungen Dichter und »Mädchen in Reformkleidern, die langstielige Tulpen in Händen trugen«. Doch sie selbst blieb gemäßigt und traditionsgebunden. 1903 hörte sie auf einer Tagung die Reden von Gertrud Bäumer und Ika Freudenberg, die sie als Frauen zwar sympathisch fand, doch lag ihr die »Einseitigkeit in der Forderung der Gleichberechtigung mit dem Mann« nicht.

1907 heiratete Ina Seidel ihren Vetter, den Pfarrer und Schriftsteller Heinrich Wolfgang Seidel. Das junge Paar lebte in Berlin und wurde schon bald vor eine schwere Prüfung gestellt. Nach der Entbindung von einer Tochter erkrankte Ina Seidel 1908 am Kindbettfieber und behielt eine Gehbehinderung zurück. Nachträglich sah sie die Erkrankung und ihre bleibenden Folgen als Anstoß dafür, bislang »im Verborgenen« gehaltene Gedichte und Prosaentwürfe zu publizieren. Sie debütierte mit einer religiös gestimmten Lyriksammlung, es folgten patriotische Kriegs- und Leidensgedichte. Mit Familienromanen wie *Lennacker. Das Buch der Heimkehr* und *Das unverwesliche Erbe* wurde sie eine der erfolgreichsten Schriftstellerinnen ihrer Zeit, deren Ruhm allerdings von ihrer unkritischen Haltung gegenüber dem Nationalsozialismus überschattet wird. Ihr 1930 erschienener Roman *Das Wunschkind* handelt von der Liebe zum Kind und der Macht der Mütterlichkeit. Die Stilisierung der heroischen Mutterfigur Cornelie und die Beschwörung von Blut und Boden ließen den Roman zu einem Erfolgsbuch der NS-Zeit werden. Hitlers 50. Geburtstag feierte sie in pathetischen Versen, was sie später zu bedauern schien. Selbst in ihrem 1959 veröffentlichten Roman *Michaela* wich sie aber der schonungslosen und unvermeidlichen Abrechnung mit der Vergangenheit aus und flüchtete sich in eine unreflektierte und verharmlosende Darstellung der Nazidiktatur. Ina Seidel starb 1974 89jährig in Ebenhausen bei München.

Sie verlassen den Nicolaiplatz links über die Maria-Josepha-Straße. Der Vorgängerbau des Hauses Nr. 8 war die merksam gemacht hatte, von der die ganze Stadt sprach. Ludwig II. ließ sich während seiner Sitzungen für die Bildhauerin immer Goethes *Iphigenie* vorlesen. Eines Tages kleidete sich die bis dahin vom König ostentativ übersehene Ney mit einem griechischen Faltengewand und Sandalen, drapierte ihre Haare in kunstvolle Locken und fiel plötzlich in die monotone Stimme des vortragenden Höflings ein, indem sie die Verse, die soeben gelesen wurden, aufnahm und auswendig deklamierte. Von dieser Stunde an war der König ihr ergeben. Das Haus in der Maria-Josepha-Straße gehörte Elisabeth Ney bis 1895.

Am Ende der Straße gehen Sie nach rechts in die Königinstraße und folgen dieser wenige Meter bis zur Thiemestraße, die Sie bis zum Kißkaltplatz laufen. Dabei haben Sie auf der linken Seite einen schönen Blick auf Jugendstilhäuser mit Ateliers. Sie biegen links in die Kaulbachstraße ein, die bis zur Giselastraße führt. Ehe Sie nach rechts zur U-Bahn gehen, sollten Sie einen kurzen Abstecher nach links machen. Während an dem Haus Nr. 15 ein Schild auf Thomas Mann hinweist, ist das Haus Nr. 23 nicht gekennzeichnet. Anstelle des heutigen Neubaus befand sich früher ein Gebäude mit dem

㉓ Villa von Elisabeth Ney
Maria-Josepha-Straße 8

König Ludwig II. hatte die Villa für die Bildhauerin erbauen lassen, die sie 1870 bezog. Elisabeth Ney genoß die besondere Gunst des Königs, nachdem sie in einer Weise auf sich auf-

㉔ Wohnatelier von
Marianne Werefkin
Giselastraße 23

Marianne Werefkin (1860-1938) lebte hier von 1896-1914 mit ihrem Lebensgefährten, dem Maler Alexej Jawlensky. »Es war ein seltsames Mi-

Marianne Werefkin, *Selbstbildnis*, 1910

Die radikale Wendung, die Gabriele Münter, Kandinsky und Marc 1911 mit der Bildung des *Blauen Reiters* vollzogen, machten Werefkin und Jawlensky nicht mit, doch blieb die alte Freundschaft zu Münter und Kandinsky bestehen. Erst der Erste Weltkrieg setzte den gemeinsamen Münchner Jahren ein jähes Ende. Werefkin und Jawlensky emigrierten in die Schweiz. *Der Spaziergang endet am U-Bahnhof Giselastraße, der an der Ecke zur Leopoldstraße liegt.*

lieu, ein Durcheinander von altmodischen Möbeln, künstlerischen Dingen, orientalischen Teppichen, Stickereien und Photographien von Ahnen.« Und mittendrin die Werefkin, »eine schmale hochgewachsene Gestalt mit knallroter Bluse, einem dunklen Rock und schwarzem Lackgürtel, im Haar eine breite Taftschleife«, beschreibt Elisabeth Erdmann-Macke ihren Eindruck von einem Besuch in der Giselastraße. Die Wohnung der beiden Künstler war ein beliebter Treffpunkt expressionistischer Maler. Im Salon der »Giselisten«, wie diese Zusammenkünfte hießen, wurde 1909 die *Neue Künstlervereinigung München* gegründet.

Blick auf die Propyläen

Siebter Spaziergang
»Dem Gefühl der Willkür ausgesetzt...«
Rund um den Königsplatz

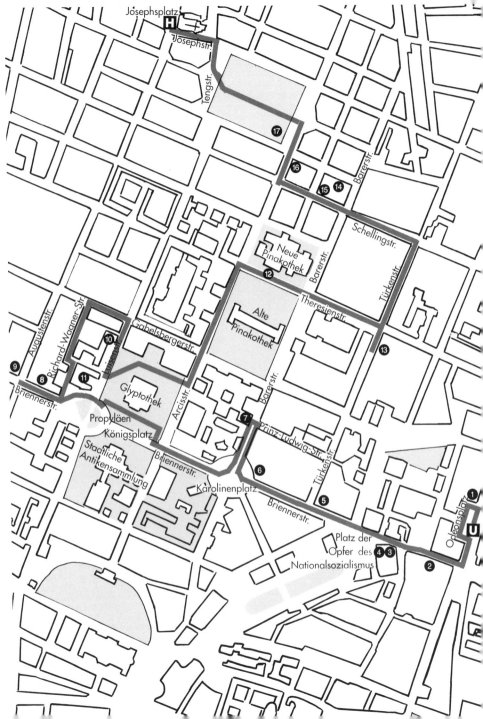

Ausgangspunkt ist der Odeonsplatz, von dem Sie vorbei an ehemaligen Künstlercafés und Salons in das Zentrum des »braunen Münchens« und zum Königsplatz kommen. Sie werden um den Königsplatz herum Museen und das einstige Haus des Vereins für Traueninteressen kennenlernen. Der Weg durch Schwabing endet am Alten Nördlichen Friedhof. Auf dem Spaziergang werden Sie Schriftstellerinnen, Schauspielerinnen und Malerinnen sowie politisch engagierten Frauen des linken und extrem rechten Spektrums begegnen.

Sie wählen den U-Bahn-Ausgang zur Ludwigstraße. Schräg rechts auf der gegenüberliegenden Seite, an der Ecke des Odeonsplatzes, liegt das

❶ Leuchtenberg-Palais
Odeonsplatz 4

Seit 1921 war in einigen Räumen des Palais der Hauptsitz der *Internationalen Frauenliga für Frieden und Freiheit* untergebracht. Anita Augspurg und Gertrud Baer arbeiteten als Vorsitzende. Organ der *Frauenliga* war die von Augspurg und Lida Gustava Heymann herausgegebene Zeitschrift Die Frau im Staat, in der intellektuelle und politisch aktive Frauen zu Wort kamen, darunter auch die Münchner Pazifistinnen Constanze Hallgarten, Lucie Hoesch-Ernst und Margarethe Lenore Selenka. 1933 wurde die Zeitschrift als eine der ersten von den Nazis eingestellt.

Zwei stadtarchitektonisch wichtige Achsen führen vom Odeonsplatz fort: die Ludwigstraße, die die Altstadt nach Norden hin mit Schwabing verbindet, und die Briennerstraße, die über den Königsplatz Richtung Nymphenburger Schloß geht. Sie nehmen die Briennerstraße. Nach dem Wiederaufbau zu einer der teuren Geschäftsstraßen Münchens avanciert, war sie in der ersten Hälfte unseres Jahrhunderts ein Zentrum des intellektuellen Lebens. Im Haus Nr. 7 befand sich die

❷ Wohnung von Juliana Déry
Briennerstraße 7 (früher 4)

In den Wohnräumen der Schauspielerin Juliana Déry fanden Ende des letzten Jahrhunderts außergewöhnliche Theaterveranstaltungen der *Gesellschaft für modernes Leben* statt, unter anderem wurden hier erstmals Stücke von Strindberg in München aufgeführt. Durch solche privaten Vorführungen wurde die Zensur umgangen.

Ein Stück weiter liegt das nach dem Krieg von Grund auf restaurierte

❸ Café Luitpold
Briennerstraße 11 (früher 8)

Anfang des Jahrhunderts war das Luitpold ein beliebter Künstlertreffpunkt. Zu den Caféhaus-Literaten zählten Franziska zu Reventlow, Emmy Hennings, Heinrich Mann und Erich Mühsam. »Das ist doch etwas«, schrieb Rainer Maria Rilke über das Luitpold. »Man setzt sich zu einem der kleinen Marmortischchen und legt einen Stoß Zeitungen neben sich und sieht gleich furchtbar beschäftigt aus. Dann kommt das Fräulein in Schwarz

Die Innenansicht des Café Luitpold, um 1890

und gießt so im Vorübergehen die Tasse mit dem dünnen Kaffee voll, o Gott, so voll, daß man sich gar nicht traut, auch noch den Zucker hineinzuwerfen... Zum Überfluß sagt man doch noch etwas Scherzhaftes, wenn man es gerade bei der Hand hat, und dann lächelt die Minna oder Bertha etwas müde ins Unbestimmte hinein und schwenkt die Nickelkannen in der Rechten her und hin.«

Im Luitpoldblock befanden sich zahlreiche Wohnungen. Als Ricarda Huch (vgl. S. 81ff.) 1900 mit ihrem Mann Ceconi nach München kam, bezogen sie zunächst hier eine Wohnung. Im Gebäude lag auch die

❹ **Wohnung von Max und Elsa Bernstein ehemals Briennerstraße 8a**
Bei den Bernsteins ging seit Ende des 19. Jahrhunderts ein und aus, was im literarischen und musikalischen Leben Münchens Rang und Namen hatte. Im Mittelpunkt der Gesellschaft stand Elsa Porges-Bernstein (1866-1949), eine vielseitig begabte Frau, seit den neunziger Jahren durch einige aufsehenerregende Bühnenstücke als Dramaturgin bekannt und überall dort anzutreffen, wo es um die Förderung avantgardistischer Literatur, Kunst und Musik ging.
Elsa Porges war die Tochter des jüdi-

schen Musikers Heinrich Porges, ihre Mutter war spanischer Abstammung. Der Vater übernahm die Leitung der Königlichen Musikschule und machte als Förderer moderner Musik in der Münchner Gesellschaft von sich reden. Das Elternhaus wurde bald zu einem kulturellen Mittelpunkt. Früh zeigte sich Elsa Porges' literarische Begabung, die die Eltern ohne Vorbehalt unterstützten. Sie ermunterten die Tochter, ihre Gedichte und kleinen Theaterstücke im Kreis der Freunde zu lesen.

Beim Vortragen ihrer literarischen Versuche entdeckte die Heranwachsende ihre schauspielerische Ader. Sie beschloß mit 17 Jahren, dieses Talent zum Beruf zu machen, und ging 1883 nach Magdeburg, ein Jahr später nach Braunschweig, wo sie ein Engagement am Hoftheater erhielt. Eine unheilbare, später zur Erblindung führende Augenkrankheit zwang sie jedoch, nach wenigen Jahren das Spielen aufzugeben. Sie kehrte nach München in ihr Elternhaus zurück. Der erzwungene Abbruch ihrer Karriere war ein schwerer Schlag. Sie litt unter dem Gefühl, ihren Eltern zur Last zu fallen. Das Drama *Dämmerung* von 1893, das stark autobiographische Züge trägt, scheint Elsa Porges im Rückblick auf diese Zeit geschrieben zu haben. Hauptperson des Stücks ist der Dirigent und Wagnerianer Heinrich Ritter, nach dem Vorbild des Vaters gezeichnet, der auf die Ehe mit einer Augenärztin verzichtet, um sich um seine augenkranke und verwöhnte Tochter Isolde kümmern zu können. In den Jahren nach ihrer Rückkehr

Elsa Bernstein

lernte Elsa Porges die Dramen Henrik Ibsens kennen, die sie nachhaltig beeindruckten. Als sie in den neunziger Jahren, nach einer Zeit künstlerischer Unproduktivität, zu schreiben begann, veröffentlichte sie in Anlehnung an Ibsens Schauspiel *Rosmersholm* unter dem Pseudonym Johannes Rosmer. Unterdessen hatte sie den berühmten Münchner Rechtsanwalt Max Bernstein geheiratet, den sie schon seit Jahren als Hausfreund der Eltern kannte. Ihr erstes Theaterstück *Wir drei*, mit dem sie 1893 debütierte, war ein Skandal. Die Anspielungen auf bekannte Persönlichkeiten aus der Münchner Gesellschaft sowie die vitale Lebensanschauung der Protagonistin Sascha Korff schockierten die Leser. Das Stück kam nicht auf die Bühne. Zahlreiche Dramen folgten, in denen Elsa Porges immer wieder drei Themen aufgriff: die Liebe zu einer selbstbewußten Frau, die Künste und schließlich der innere Konflikt von Eltern, die ihre Interessen zugunsten der Kinder zurückstellen. Das letzte Thema ist mit ihrer Biographie am tiefsten verwoben. Auch sie kam nach der Geburt ihrer Kinder immer seltener dazu, schriftstellerisch zu arbeiten. Die Erziehung der Kinder, ihr Engagement in der Münchner Literatur- und Musikszene, vor allem die Nachmittags-Gesellschaften, zu denen sie im Laufe der Jahre eine ganze Künstlergeneration lud, ließen ihr kaum noch Zeit.

Als Max Bernstein 1925 starb, zog Elsas Schwester Gabriele in das Bernsteinsche Haus ein. Beide mußten erleben, wie seit Beginn der dreißiger Jahre immer mehr alte Freunde ins Exil gingen und andere sich von ihnen zurückzogen. Doch die Schwestern blieben in München. Sie waren zu fest mit der Stadt verbunden, zu alt, um in einem fremden Land neu zu beginnen, und schätzten die Gefahren des neuen Regimes möglicherweise auch nicht richtig ein. 1939 schrieb Elsa Porges an Franz Wesendonck, ihren Vertrauten in diesen Jahren: »Dem Gefühl der Rechtlosigkeit, dem Gefühl der Willkür ausgesetzt zu sein, daran muß ich mich erst gewöhnen.« Damals lebten die Schwestern, aus den herrschaftlichen Räumen vertrieben, in einer kleinen Wohnung in der Schellingstraße. 1942 wurden sie nach Dachau und von dort nach Theresienstadt deportiert, wo Gabriele Porges starb. Die über 70jährige Schwester Elsa Bernstein überlebte das Konzentrationslager. Eine tiefe Religiosität, die in den letzten Lebensjahren hervortrat, und ihre lebendige innere Kraft halfen ihr, nicht an den schrecklichen Ereignissen zugrunde zu gehen.

Die Brennerstraße führt Sie nun an dem Platz der Opfer des Nationalsozialismus vorbei. An der Ecke Briennerstraße/Türkenstraße lag das

❺ **Wittelsbacher Palais**
Briennerstraße 20
Dort, wo heute die Bayerische Landesbank steht, wurde Mitte des 19. Jahrhunderts das neugotische Wittelsbacher Palais errichtet. Während der Räterepublik, 1919, kurze Zeit Sitz der Räteregierung, war es ab 1933 Gestapohauptquartier, Ort des Schreckens und Grauens. Im Wittelsbacher Palais wurden Hunderte von politischen Gefangenen, unter ihnen die Geschwister Scholl (vgl. S. 115 ff.), gefoltert und verhört.

Die Briennerstraße wird im weiteren Verlauf von herrschaftlichen Häusern und Palais gesäumt. Sie führt zum Karolinenplatz mit dem großen Obelisken. Gleich rechts im Haus Nr. 5 waren in den zwanziger Jahren im zweiten Stock die

Das Wittelsbacher Palais in den dreißiger Jahren, ab 1933 Gestapohauptquartier.
Unten: Elsa Bruckmann mit ihrem Mann, dreißiger Jahre

❻ Wohnräume von Elsa und Hugo Bruckmann Karolinenplatz 5

Elsa Bruckmann (1865-1946), die gebürtige rumänische Prinzessin Cantacuzène, liebte es, mit ihrem Mann, dem Verleger Hugo Bruckmann, »im offenen, weißen Mercedes sehr langsam durch die Ludwigstraße zu fahren« und bei sich zu Hause Empfänge auszurichten. Vor dem Ersten Weltkrieg war ihr Salon ein Treffpunkt des geistigen Münchens gewesen, aber »der Personenkreis ihres gesellschaftlichen Verkehrs veränderte sich«. In ihrer Villa verkehrten in den zwanziger Jahren unter anderen Alfred Schuler, Oswald Spengler, General Luden-

147

dorff, die Tochter des Malerfürsten und »Herrenfahrerin« Mary Stuck sowie die Schwimmweltmeisterin Anni Rehborn. Auch Adolf Hitler war nun häufiger Gast. Constanze Hallgarten, stellvertretend für kritische Stimmen, erinnert sich: »Man zuckte die Achseln über Frau Elsa und sagte nur – schade! Sie war eine kluge, charmante Frau. Aber Herrn Hitler bei sich zu empfangen, das galt mindestens als geschmacklos – man hätte es von dieser kultivierten Dame nicht erwartet.«

Zu den neuen Gästen am Karolinenplatz gehörte auch Lady Unity Mitford, leidenschaftliche Hitler-Verehrerin und für diesen wichtiges Verbindungsglied nach England. Als Lady Mitfords Schwester den britischen Naziführer Sir Oswald Mosley heiratete, richtete Elsa Bruckmann in ihren Räumen die Feier aus. Trauzeuge war Hitler. Von ihr lernte der »Rohling aus den unteren Volksetagen«, wie man ein Fischbesteck richtig gebrauchte, und von ihr ließ er sich den veränderten Ansprüchen gemäß einkleiden. Während Hitlers Festungshaft in Landsberg besuchten ihn Bruckmanns, nach seiner Entlassung 1924 feierte er bei ihnen Weihnachten. Im Hause Bruckmann konnte Hitler trotz Redeverbots nach dem Novemberputsch vor geladenen Gästen seine Ideen verbreiten. Im Juni 1925 schrieb sie an ihn: »Lieber Herr Hitler, Ich habe die beiliegende Armband-Uhr übrig. Wollen Sie sie nicht benützen bis Ihre Uhren wieder in Stand gesetzt sind. ... Wollen Sie morgen oder Donnerstag kommen um das eventuell für Sie Verwendbare anzuschauen an Möbeln etc.?« Sie vermittelte ihm wichtige Kontakte zur Großindustrie wie zu dem Ruhrindustriellen Emil Kirdorf, der die Partei subventionierte und Hitlers politische Aussagen als Privatdruck an einflußreiche Leute sandte. Bei Bruckmanns begegnete Hitler auch Cosima Wagner und Helene Bechstein, der Frau des Berliner Klavierfabrikanten. Ob Hitlers legendäre Nilpferdpeitsche nun ein Geschenk Elsa Bruckmanns oder Helene Bechsteins war, darüber gehen die Meinungen auseinander. Jedenfalls versorgte Helene Bechstein Hitler mit Schmuck und Teppichen und ermöglichte ihm den Ankauf des Eher-Verlages mit dem *Völkischen Beobachter*, dem späteren offiziellen Kampf- und Hetzorgan der Nationalsozialisten.

Rechts vom Karolinenplatz führt die Barerstraße ab. Nach wenigen Metern kommen Sie zur Prinz-Ludwig-Straße. Auf der gegenüberliegenden Seite lag einst das Haus Nr. 15, das im Krieg zerstört wurde. Dort verbrachte die Schriftstellerin Mechtilde von Lichnowsky einen Teil ihrer Kindheit. Heute gehört das Gelände zur Technischen Universität.

❼ Villa der Familie Arco-Zinneberg (ehemals Barerstraße 15)

Mechtilde von Lichnowsky, geb. von und zu Arco-Zinneberg (1879-1958), seit ihrer Jugend unkonventionell und extravagant, liebte es, sich als Mann zu verkleiden und fotografiert zu werden. Die heimliche Verlobung mit

Mechtilde Lichnowsky
in den zwanziger Jahren

ihrem Jugendfreund Ralph Harding Peto gab sie auf Drängen ihrer Eltern auf und heiratete statt dessen den Fürsten Karl Max Lichnowsky. Bereits in dieser Zeit war sie bei Rowohlt als Autorin unter Vertrag und mußte sich »höllisch anstrengen, damit er (Rowohlt) nicht merkt, daß ich nichts kann«. Doch sie verkannte ihr eigenes Talent. Ihre erste Veröffentlichung, ein Reisebuch, wurde gut aufgenommen. In den folgenden Jahren schrieb sie Romane, Schauspiele, Gedichte und Satiren. Zu ihren frühen Bewunderern zählt Rainer Maria Rilke, den sie finanziell ebenso unterstützte wie den jungen morphiumsüchtigen Dichter Johannes R. Becher. Die Schriftstellerin, Mäzenin und Fürstin übte eine enorme Anziehungskraft aus: »Wo Mechtilde auch erschien, da hatte sie schon gewonnen«, erinnert sich die langjährige Freundin Annette Kolb.

Mit ihrem Mann lebte sie in Berlin und, als dieser Botschafter wurde, in London und auf dessen schlesischen Gütern. Nach seinem Tod 1928 begegnete sie zufällig ihrem früheren Verlobten wieder, den sie in aller Stille heiratete. Die Nazigegnerin verbrachte die Kriegsjahre in München in einer Wohnung am Englischen Garten. Sie starb 1958 in London und hinterließ ein breites dichterisches Werk.

Sie kehren zurück zur Briennerstraße, die nun auf den Königsplatz zuführt, früher einer der schönsten Plätze Münchens, von dem behauptet wurde, daß hier eine »griechische Tempelwelt« entstanden und »ein Traum von Antike auf deutschem Boden« wahr geworden sei. Der Königsplatz wird von den Propyläen am Kopf, der Glyptothek rechts und der Staatlichen Antikensammlung links eingerahmt. Dieses Ensemble brachte München den Ruf eines »Isar-Athen« ein. Der Weg führt über den Königsplatz rechts an den Propyläen vorbei wieder in die Briennerstraße, die sich dahinter fortsetzt. An der Ecke zur Richard-Wagner-Straße, im Haus Nr. 40, befand sich von 1910-1935 der Sitz vom

❽ **Verein für Fraueninteressen Briennerstraße 40 (früher 37)**
Ika Freudenberg (1859-1912), Vertreterin der gemäßigten Frauenbewegung, gründete den Verein 1894 unter dem Namen *Gesellschaft zur Förderung der geistigen Interessen der Frau* – zehn Jahre später hatte der Verein bereits mehr als 1000 Mitglieder. Ziel war es, »Gelegenheit (zu) bieten, die Ideen der Frauenbewegung vor einem größeren Publikum zu besprechen«. Im Blickpunkt stand vor allem die »Erfüllung der sozialen Pflichten« der Frau. Der Verein wollte, so steht es in der Satzung von 1899, »zur Hebung des geistigen Niveaus der Frauen beitragen… Außerdem unterstützt er auch praktisch die Bildungs- und Erwerbsbestrebungen der Frauen und tritt für die Frauenrechte ein, die den erstrebten größeren Pflichten entsprechen.« Doch damit nicht genug. Es gelte auch, »die Frauen zum Verständnis volkswirtschaftlicher Interessen und zur Mitwirkung an der allgemeinen Wohlfahrtspflege zu erziehen«. Es lag in der Logik eines maßvoll emanzipatorischen Anspruchs, daß zu

Ika Freudenberg, um 1905

den Mitgliedern Frauen und Männer zählten, darunter bekannte Schriftstellerinnen und Schriftsteller wie Gabriele Reuter, Helene Böhlau, Rainer Maria Rilke und Ernst von Wolzogen. Den Kreis unterstützten Personen von Rang und Namen: Adlige, Professoren, Hofbeamte, Künstler.

Die aus dem Rheinland stammende Ika Freudenberg, aufgewachsen als »höhere Tochter«, ausgebildete Pianistin und finanziell unabhängig, entfaltete zahlreiche Aktivitäten. Das Angebot des Vereins ging weit über Kochkurse hinaus. Professoren referierten über »Röntgenstrahlen« und andere naturwissenschaftliche Errungenschaften, während Frauenrechtlerinnen wie Minna Cauer, Helene Lange oder Ika Freudenberg selbst über die Frauenbewegung sprachen. 1898 wurde unter der Leitung von Sophia Goudstikker eine Rechtsschutzstelle geschaffen. Mädchen und Frauen konnten sich hier kostenlos beraten und bei Streitigkeiten vor Gericht vertreten lassen. Als erste Frau wurde Goudstikker in München 1908 als Verteidigerin beim Jugend- und Strafgericht zugelassen. Neben der Rechtsschutzstelle, die sie 25 Jahre lang leitete, setzte sie sich vor allem für die berufliche Qualifikation von Frauen ein. Die anerkannte Fotografin des Ateliers Elvira (vgl. S. 85 ff.) initiierte beispielsweise eine Ausbildung für weib-

liche Lehrlinge im graphischen Gewerbe.
Im Namen von Humanität und Fortschritt bewirkte Ika Freudenberg den Zusammenschluß der Bayerischen Frauenvereine und organisierte erfolgreich 1899 den ersten Bayerischen Frauentag in München. Die verabschiedete Resolution des Frauentags enthielt allerdings keinen Forderungskatalog, sondern sprach Empfehlungen aus – Brüskierungen wurden vermieden. Nichtsdestotrotz spottete das Münchner Salonblatt:»Unsäglich gescheite Gesichter. Nasen, die gleich dem kategorischen Imperativ schneidend in die Lüfte ragen, scharf blickende Augen mit Brillen und Kneifern..., das waren die Zierden der Gorgonen, die über die schlechte Welt Gericht hielten. Und erst die Reden!« Ika Freudenberg leitete den Verein bis zu ihrem Tod im Jahr 1912. Ihre Nachfolgerin Luise Kiesselbach plädierte vor allem für staatsbürgerliche und soziale Verantwortung – Ziele, die für die rund 160 Mitglieder heute noch immer gelten.

Im gleichen Haus war auch der Münchner Schriftstellerinnenverein untergebracht. Magda Haushofer-Merk und Carry Brachvogel hatten ihn 1913 ins Leben gerufen, um dem intellektuellen Austausch zwischen schreibenden Frauen ein Forum zu geben. Dem Verein gehörten so prominente Mitglieder wie Ricarda Huch (vgl. S. 81 ff.) und Annette Kolb (vgl. S. 107 f.) an.

Nur zwei Häuser weiter, an der Ecke Augustenstraße, steht heute ein moderner Häuserblock. Hier war die

Rosalia Braun-Artaria. Gemälde von Franz von Lenbach, 1867

❾ Wohnung von Rosalia Braun-Artaria Briennerstraße 44 (früher 35)
Die Schriftstellerin Rosalia Braun-Artaria (1840-1916) lebte hier seit den siebziger Jahren des vorigen Jahrhunderts. Für diese Zeit ungewöhnlich, zog sie nach dem frühen Tod ihres Mannes ihre beiden Töchter allein auf und verdiente den Lebensunterhalt durch Schreiben. Sie pflegte mit Malern und Schriftstellern ihrer Zeit Umgang, Anselm Feuerbach und Franz von Lenbach malten sie. In ihrem Buch *Von berühmten Zeitgenossen* schildert sie die Münchner Zirkel und Salons, in denen das Ehepaar Kobell, Piloty, Heyse und viele Intellektuelle aus der Universität und Akademie zusammenkamen. Seit 1886 ar-

beitete sie als Redakteurin der beliebten Familienzeitschrift Gartenlaube.

Sie gehen zurück zur letzten Straßenecke und biegen links in die Richard-Wagner-Straße mit ihren schönen alten Giebelhäusern ein. Am Ende gehen Sie rechts in die Gabelsbergerstraße und an der nächsten Kreuzung wieder rechts in die Luisenstraße. Im ehemaligen Haus Nr. 37, heute Teil der Universität, befand sich seit 1872 die erste staatliche

❿ Kunstgewerbeschule für Mädchen
Luisenstraße 37

Zum Lehrkörper der Kunstgewerbeschule gehörte von Beginn an Clementine von Braunmühl (1833-1918), die erste Kunstgewerbelehrerin in Bayern. Sie war eine ungewöhnlich energische Frau, lebte unkonventionell mit zwei ihrer einstigen Schülerinnen in einer Wohngemeinschaft und arbeitete Tag und Nacht für die Schule. Von ihren männlichen Kollegen erntete sie jedoch nur Mißgunst, mußte »Verletzungen, Uncorrektheiten, Zurücksetzungen, Ungezogenheiten« hinnehmen und erleben, wie einer von ihnen sogar wiederholt ihre Entlassung beantragte. Trotz dieser Widerstände, von denen sie in ihren Lebenserinnerungen berichtet, unterrichtete sie mehr als zwanzig Jahre an der Kunstgewerbeschule und gründete in den achtziger Jahren den Münchner Künstlerinnenverein. Sie gilt als Vorkämpferin für das Kunststudium von Frauen in München.

Sie gehen die Luisenstraße weiter bis zum

⓫ Lenbachhaus
Luisenstraße 33

Malwida von Meysenbug, die langjährige Freundin Friedrich Nietzsches, war eine der ersten, die das

Kunstgewerbeschule für Mädchen, 1900

Gabriele Münter, *Kandinsky und Erma Bossi am Tisch.*
Ölbild, 1912

neue Wohn- und Atelierhaus des erfolgreichen Malerfürsten Franz von Lenbach 1890 besuchte. Sie war von dem Eindruck überwältigt: »Hier bin ich in einem Zauberschloß, schön habe ich es mir gedacht, aber so schön doch nicht. Es ist unglaublich, wie künstlerisch vollendet bis ins kleinste Detail alles ist.«

Mit dem Bau sollte Franz von Lenbach »die machtvollen Zentren der europäischen Kunst... mit der Gegenwart verbinden«. Damit war er der Wahrheit näher gekommen, als er voraussehen konnte. Heute enthält das ehemalige Atelierhaus nämlich ein Museum für Kunst des 20. Jahrhunderts. Die Städtische Galerie im Lenbachhaus verdankt ihr Entstehen der Stiftung Lolo von Lenbachs, Witwe Franz von Lenbachs, und ihren Weltrang als Museum des *Blauen Reiters* der großzügigen Schenkung Gabriele Münters. Diese ist mit zahlreichen Werken in der ständigen Ausstellung ebenso vertreten wie weitere expressionistische Malerinnen. Unter den Bildern Gabriele Münters befindet sich das Bildnis *Marianne von Werefkin* von 1909, das die befreundete Malerin vor einem weizengelben Hintergrund mit einem riesigen blumenbesetzten Sommerhut und mit weinrotem Schal zeigt. Der Einfluß Jawlenskys ist nicht zu übersehen. Kühn ist der Farbkontrast zwischen dem warmen Hintergrund und dem grünen Gesicht. Der Betrachter glaubt sich in dem farbenfrohen Spiel von warmem Rotgelb und kaltem Blaugrün sonnen zu können. Für Münters reifen Stil charakteristisch ist das Bild *Kandinsky am Tisch* von 1911, weniger farbintensiv als die frühen Werke und eigenwillig in der Reduktion der Gegenständlichkeit auf Farbe und Fläche. (Vgl. S. 128 ff.)

Von Marianne von Werefkin sind ein *Selbstbildnis* aus dem Jahr 1908 und *Wäscherinnen* aus derselben Zeit zu sehen. Werefkin liebte es, mit kräftigen Schraffuren und tiefen, dunklen Farben Geschichten auf ihren Bildern zu erzählen. (Vgl. S. 139 f.)

Kaum bekannt ist die Expressionistin Erma Bossi (1885-1952), die mit zwei Bildern vertreten ist. Ihre Zirkusdarstellung mit einem schwungvollen Aufbau und lebhafter Farbigkeit zeigt, daß ihr Name zu Unrecht in Vergessenheit geraten ist. Das Lenbachhaus besitzt noch weitere Bilder, Aquarelle und Zeichnungen von expressionistischen Künstlerinnen, so von Else Lasker-Schüler und Ada Campendonk, die jedoch in der Regel nicht in der ständigen Ausstellung zu sehen sind.

Schräg links gegenüber gehen Sie nun durch den Park hinter der Glyptothek entlang bis zur Arcisstraße. Diese laufen Sie links und kommen an der nächsten Kreuzung zur Theresienstraße, in die Sie rechts einbiegen. Die Theresienstraße wird hier auf beiden Seiten von zwei berühmten Museen gesäumt.

⓬ Die Alte und die Neue Pinakothek
Barerstraße 27 und 29

Ein Gang durch die beiden Münchner Pinakotheken könnte leicht zu der Frage verführen, die schon Franziska zu Reventlow zu Beginn unseres Jahrhunderts gestellt hat: »...was ist denn bis jetzt auf künstlerischem Gebiet von Frauen geleistet worden? Hier und da ein gutes Portrait, eine fein empfundene Landschaft... – aber wo ist etwas herausragendes, wovor man unwillkürlich stehen bleibt, was einen wirklich packt und bis ins Innerste durchschauert?« Denn nur zwei Malerinnen sind mit jeweils einem Werk in den reichen Sammlungen vertreten, ein Spiegelbild der lange hartnäckig herrschenden Auffassung, die Schöpfung hoher Kunst sei der Frau an sich

Angelica Kauffmann, *Selbstbildnis*, 1784

und von Natur aus wesensfremd. Eine der beiden Künstlerinnen ist Angelica Kauffmann (1741-1807). In der Neuen Pinakothek hängt von ihr ein *Selbstbildnis*, das auf das Jahr 1784 datiert. Es zeigt die damals 43jährige in altersloser Jugend, einen Turban um das volle Haar drapiert, ein Skizzenbuch und einen Stift in den Händen haltend. Mit vollendeter Grazie, dabei ohne Affektiertheit, schön und klug, blickt sie mit merkwürdig versonnenem und zugleich wachem Blick in die Ferne. Das Bild ist leise in seinen Klängen, gemalt von einer Frau, der Goethe ein »unglaubliches Talent« nachsagte und die Herder als »die vielleicht kultivierteste Frau in Europa« bezeichnete. Angelica Kauffmann, die nie in München lebte, gilt als bekannteste Malerin des 18. Jahrhunderts. Die hochverehrte Künstlerin hinterließ ein großes Œuvre von Selbstbildnissen, mythologischen und religiösen Darstellungen.

Außerdem ist eine Genredarstellung von Marie Gabrielle Capet zu sehen.

Sie gehen die Theresienstraße entlang, überqueren die Barerstraße und kommen zur Türkenstraße, in die Sie rechts einbiegen. Gleich auf der gegenüberliegenden Straßenseite, im Rückgebäude des Hauses Nr. 28, heute ein Neubau, befand sich das

⓭ Kabarett »Die Elf Scharfrichter« Türkenstraße 28

Das legendäre Kabarett *Die Elf Scharfrichter* entstand wie das Berliner *Ueberbrettl* nach dem Vorbild des berühmten französischen Kabaretts *Chat noir*. Auslöser war der Protest gegen das Sittlichkeitsgesetz »Lex Heinze«, das die Kuppelei bekämpfen sollte. In Bayern wollte man jedoch zugleich erotische Darstellungen verbieten. Dagegen formierten sich in München, das den Zeitgenossen noch immer als Kunsthauptstadt galt, in einer Protestbewegung junge Intellektuelle. Der Freundeskreis um den Regisseur Otto Falckenberg gründete

Plakat von Thomas Theodor Heine
Rechte Seite: Die Diseuse Marya Delvard

den Verein *Die Elf Scharfrichter e.V.*, der das Ziel verfolgte, »alle Kunstgattungen zugleich in den Dienst der leichten Unterhaltung zu stellen«. Die elf Mitglieder des Vereins sowie die sogenannten Henkersknechte waren ausschließlich männlichen Geschlechts, als einzige Frau trat die Diseuse Marya Delvard (1874-1965) auf. Man könnte sie als Muse dieser deutschen Variante eines französischen Cabarets bezeichnen oder auch als ersten Vamp der deutschen Brettl-Geschichte. Sie war zwar bürgerlich-wohlanständig mit dem geschäftsführenden Direktor Marc Henry verheiratet, für die Öffentlichkeit aber lebte sie in wilder Ehe.

Am 12. April 1901 fand vor geladenem Publikum die erste Vorstellung statt. In ihren Programmnummern und auf dem großen Faschingsfest von 1903 mit dem Motto *Aus dem finstersten Deutschland* zeigten sich die elf Scharfrichter – so der Verleger und einstige »Henkersknecht« Reinhard Piper – als »kampfbegierige Verhöhner aller Spießbürgerlichkeit und lachende Freibeuter an ihrem Moralbesitz«. Daß die Zensur hier öfter eingriff, versteht sich.

Die Premierenkarte, als Garderobengebühr deklariert, kostete 9 Mark 99. Als geschlossene Gesellschaft mit freiem Eintritt versuchte man, der Zensur zu entgehen. Das Ambiente war ausgefallen, die »Wände... bis zu halber Höhe mit grauem Stoff bespannt; hier hingen... (die) Gipsmasken der elf. In der einen Ecke stand das grausige Wahrzeichen ihres Bundes, der schwarze Schandpfahl, der einen mit Perücke und Zopf bedeckten Schädel trug, und in diesem steckte das Henkerbeil... Als Programm erwarb man sich ein Heftchen, auf dessen Umschlag sich verkleinert jene Zeichnung des Plakats wiederholte, nur daß hier ein Name darunter stand, Marya Delvard, so also hieß die gespenstische Frau, für deren Vortragskunst mein Freund, der Henkersknecht (Heinrich Lautensack), mit sonderbarer Demut schwärmte, wobei er freilich zugab, daß ihm ihre leidenschaftlichen Launen und die gelegentlichen Ausbrüche ihres Zornes manche Leiden bereiteten.«

Wenig später stieß Frank Wedekind zu der Gruppe. Für Marya Delvard, die nach Auffassung des Literaten Karl Wolfskehl »die echte Pariser Note in die bunten Abende« einbrachte, schrieb er das provokante Dirnenlied *Ilse*. Mit *Ilse* feierte die für ihre »Selbstdarstellungschansons« berühmte Delvard ihre größten Erfolge. »So totenhaft wie auf den Abbildungen wirkte sie gerade nicht«, erinnert sich der Schriftsteller Hans Carossa, »immerhin hätte einem eine unverhoffte Begegnung mit ihr in der Einsamkeit ziemlichen Schrecken eingejagt. Sie war entsetzlich bleich; man dachte unwillkürlich an Sünde, vampirisch zehrende Grausamkeit und Tod...« Natürlich sang die Delvard an diesem Abend in »schwermütig verlorenem Ton« auch Wedekinds Ballade *Ilse*:

Die Chansonsängerin und Tänzerin Mary Irber

»Ich war ein Kind von fünfzehn Jahren,
Ein reines, unschuldsvolles Kind,
Als ich zum erstenmal erfahren,
Wie süß der Liebe Freuden sind.

Er nahm mich um den Leib und lachte
Und flüsterte: 'Oh, welch ein Glück!'
Und dabei bog er sachte, sachte
Den Kopf mir auf den Pfühl zurück.

Seit jenem Tag lieb ich sie alle,
Des Lebens schönster Lenz ist mein;
Und wenn ich keinem mehr gefalle,
Dann will ich gern begraben sein.«

Der Erfolg des Programms erforderte einen schnellen Wechsel origineller Ideen und Einfälle, der so nicht zu leisten war. Das Publikum erwartete immer neue Skandale und Verstöße gegen die Zensur, und so kamen die Scharfrichter unweigerlich in »Repertoirenot«. Der Verein löste sich bereits im April 1902 wieder auf, knapp zwei Jahre später ging die Gruppe nach einem internen Krach endgültig auseinander. Die künstlerische Nachfolge trat das Kabarett *Die sieben Tantenmörder* an, als Star glänzte die damals sehr bekannte Schauspielerin Mary Irber.

Die Türkenstraße bringt Sie zurück zur Theresienstraße, die Sie überqueren, und führt zur Schellingstraße. Hier wenden Sie sich nach links. An der Ecke Schelling-/Barerstraße befindet sich nach wie vor der legendäre

⓮ Schelling-Salon
Schellingstraße 54

In seinem Roman *Der ewige Spießer* beschreibt Ödön von Horvath den Schelling-Salon. Das Café-Restaurant war die Stammkneipe des »ewigen Spießers« Kobler. Dieser ließ sich hier von Fräulein Anna Pollinger bewundern, ehe diese – die gern »neben einem Herrn (saß), im Schellingsalon oder anderswo« – »praktisch« wurde und ihre »Sinnlichkeit produktiv« gestaltete.

Sie gehen die Schellingstraße bis zur nächsten Straßenecke. Hier liegt die

⓯ Osteria Bavaria, heute Osteria Italiana
Schellingstraße 62

Die Osteria, das älteste italienische Restaurant der Stadt, ist auf besondere Weise mit dem »braunen« München verbunden. Lady Unity Valkyrie Mitford (1914-1948), die Nichte von Winston Churchill, war eine glühende Verehrerin Hitlers. Sie aß so lange in der Osteria, Hitlers Lieblingslokal, zu Mittag, bis es ihr gelang, den Blickkontakt und damit die Bekanntschaft mit Hitler herzustellen. »... ich bin das glücklichste Mädchen der Welt«, schrieb sie damals, 1935, an ihren Vater, »... wenn Du Dir klarmachst, daß er, zumindest für mich, der größte Mann aller Zeiten ist...« Um Hitler kennenzulernen, kam Lady Unity nach München und schrieb sich an der Universität für Kunstgeschichte ein. Während sie von einer »englischdeutschen Weltherrschaft« träumte, setzte Hitler sie für seine Zwecke ein (vgl. S. 148).

Als Großbritannien Deutschland drei Tage nach dem Überfall auf Polen den

Osteria Bavaria, um 1910

Krieg erklärte, schlug Lady Unitys euphorische Begeisterung für den Führer radikal um: Am 3. September 1939 schoß sie sich auf einer Parkbank im Englischen Garten eine Kugel in den Kopf. Sie überlebte den Selbstmordversuch, kehrte nach England zurück und starb dort neun Jahre später an den Folgen der Schußverletzung.

Lady Unity Valkyrie Mitford
in England nach
ihrem Selbstmordversuch

Sie verlassen die Schellingstraße an der Ecke Arcisstraße, in die Sie rechts einbiegen. Im Haus Nr. 46, heute ein Neubau, lag die

⓰ Wohnung von Selma Kleinmichel Arcisstraße 46

Ab 1909 bis zum Ersten Weltkrieg wohnte bei seiner geliebten Nenntante »Seelchen« oder »Seele« der Schriftsteller Joachim Ringelnatz. Die Witwe des Malers Julius Kleinmichel lebte mit einer alten, kranken »höchst eigenwilligen Mutter« zusammen, die »dauernd jemand um sich haben mußte, aber nicht das geringste Geräusch, nicht das Umblättern einer Buchseite duldete«, so daß es »eine Tortur (war), bei ihr zu sitzen«. Ringelnatz unterstützte Seele bei der Pflege ihrer Mutter, machte sich über Seeles »Medizinfimmel« lustig und über ihre Fremdwörter, die sie ständig falsch gebrauchte. Waren beide besonders albern, lieh Seelchen Ringelnatz eine »Weiberperücke« und verkleidete ihn »mit Eifer und Vergnügen« als Dame. Er liebte es, so durch die Münchner Cafés zu kneipen, kam »im Morgenlicht mit zerzaustem Haar und abgetretenen Kleidersäumen heim«, worauf Seele sich »mit sehr komisch geäußertem Abscheu« abwandte. Auch später, als Ringelnatz nicht mehr bei Seele lebte, brach die Beziehung nicht ab. Er schickte ihr seine Wäsche, bat sie um die Erledigung kleiner Gänge und trug seiner Frau auf: »Nun grüße nur die liebe Seele und schnurchle sie an« oder »Bußle Seelchen ab.« Die Herzlichkeit von Ringelnatz war nicht ganz ohne Eigennutz. Zur selben Zeit schrieb er an seine Frau: »Gut, gut! Aushalten in unserer Freundschaft zu ihr (Seele), gerade und besonders dann, wenn es lästig oder unerfreulich ist. Das lohnt sich später.« In der Tat ließ sich Ringelnatz gern von Seele »ein Geldchen« zustecken.

Ein Stück weiter, auf der gegenüberliegenden Seite der Arcisstraße, befindet sich einer der Eingänge zum Alten Nördlichen Friedhof, den Sie jetzt betreten.

Lucile Grahn-Young

⓱ Alter Nördlicher Friedhof

Wenn Sie sich unmittelbar hinter dem Eingang links halten, stoßen Sie am Ende des Friedhofs auf eine Mauer mit Arkaden, wo sich das Grab der berühmten Tänzerin Lucile Grahn-Young (1819-1907) befindet. Die Kopenhagenerin Lucile Grahn, die bereits als 15jährige als »einzigartige(r) Stern im Aufstieg« galt, kam nach einer sensationellen Karriere in Europa 1869 nach München. Dort wurde die begnadete Ballerina für die Choreographie am Hoftheater gewonnen und übernahm die Einstudierung der tänzerischen Parts in zahlreichen Wagner-Erstaufführungen. Lucile Grahn starb im Alter von 88 Jahren und hinterließ der Stadt eine beachtliche Geldsumme als Stiftung zur Förderung junger künstlerischer Talente. Sie ist die erste Künstlerin, nach der eine Straße in München benannt wurde.

Sie nehmen nun den gegenüberliegenden Friedhofsausgang, überqueren die Tengstraße und kommen über die Josephstraße zu einem der wenigen schönen geschlossenen Plätze Münchens, dem Josephsplatz mit der U-Bahn-Station.

Benutzte Literatur

Arens, Hanns: Unsterbliches München. Streifzüge durch 200 Jahre literarisches Lebens der Stadt. München 1968
Arnim, Bettine von: Goethe's Briefwechsel mit einem Kinde. In: Werke und Briefe in vier Bänden. Hg. von Walter Schmitz und Sibylle von Steinsdorff. Bd 2. Frankfurt a. M. 1992
Aslan, Elisabeth: »Dabei bin ich erst richtig selbst, wenn ich arbeite«. Aus dem Leben der Bildhauerin Ilse von Twardowski. In: Frauenleben in München a.a.O., S. 101-109
Bäthe, Kristian: Wer wohnte wo in Schwabing? Wegweiser für Schwabinger Spaziergänge. München 1965
Bary, Roswitha von: Henriette Adelaide von Savoyen. Kurfürstin von Bayern. München 1980
Baum, Marie: Leuchtende Spur. Das Leben Ricarda Huchs. Tübingen 1950
Bauschinger, Sigrid (Hg.): Ich habe etwas zu sagen. Annette Kolb 1870-1967. Ausstellung der Münchner Stadtbibliothek. München 1993
Behringer, Wolfgang: Hexenverfolgung in Bayern. Volksmagie, Glaubenseifer und Staatsräson in der Frühen Neuzeit. München 1987
Berlin - Moskau 1900-1950. Hg. von Irina Antonowa und Jörn Merkert. München-New York 1995
Bogenhausen. Vom bäuerlichen Pfarrdorf zum noblen Stadtteil. Hg. von Willibald Karl. München 1992
Bogerts, Hildegard: Bildung und berufliches Selbstverständnis lehrender Frauen in der Zeit von 1885-1920. 2. Aufl. Frankfurt a. M. 1978
Braun-Artaria, Rosalia: Von berühmten Zeitgenossen. Erinnerungen einer Siebzigerin. München 1918
Braunmühl, Clementine von: Erinnerungen. In: Frauenleben in München a.a.O., S. 211-224
Brachvogel, Carry: Im Weiß-Blauen Land. Bayerische Bilder. München 1923
Bruckmanns Lexikon der Münchner Kunst. Münchner Maler im 19. Jahrhundert. 6 Bde. München 1981-94
Bußmann, Hadumod (Hg.): Stieftöchter der Alma Mater? 90 Jahre Frauenstudium in Bayern - am Beispiel der Universität München. Katalog zur Ausstellung. München 1993
Christ, Lena: Erinnerungen einer Überflüssigen. München 1970, S. 7-246

Derleth, Christine: Das Fleischlich-Geistige. Meine Erinnerungen an Ludwig Derleth. Bellenhausen üb. Gladbach 1973
Dertinger, Antje: Dazwischen liegt nur der Tod. Leben und Sterben der Sozialistin Antonie Pfülf. Berlin, Bonn 1984
Deutsche Literatur von Frauen. 2. Bd: 19. und 20. Jahrhundert. Hg. von Gisela Brinker-Gabler. München 1988
Dicke, Simone: »Ich war nicht mehr ein Mensch wie andere...« Der Vernichtungskrieg gegen Jüdinnen aus München nach 1933. In: Krafft, Sybille, Zwischen den Fronten a.a.O., S. 166-187
Diesel, Eugen: Jahrhundertwende. Gesehen im Schicksal meines Vaters. Stuttgart 1949
Dimpfl, Monika: Immer veränderlich. Liesl Karlstadt (1892 bis 1960). München 1996
Erdmann-Macke, Elisabeth: Erinnerung an August Macke. Mit einem biographischen Essay von Lothar Erdmann. Stuttgart 1962
Erinnerungen der Malerin Louise Seidler. Hg. von Hermann Uhde. Weimar 1962
Everding, August (Hg.): Weltstadt der Musik. Leuchtendes München. Eine Hommage an die Musik und das Musiktheater. Wien 1990
Faber, Richard: Franziska zu Reventlow und die Schwabinger Gegenkultur. Köln, Weimar, Wien 1993 (Europäische Kulturstudien 3)
Frauenleben in Bayern. Von der Jahrhundertwende bis zur Trümmerzeit. Hg. von der Bayerischen Landeszentrale für politische Bildungsarbeit. München 1993
Frauenleben in München. Lesebuch zur Geschichte des Münchner Alltags. Geschichtswettbewerb 1992. Hg. von der Landeshauptstadt München. München 1993
Fussenegger, Gertrud: Ein Spiegelbild mit Feuersäule. Lebensbericht. Stuttgart 1979
Giehse, Therese: »Ich hab nichts zum Sagen«. Gespräche mit Monika Sperr. München, Gütersloh, Wien 1973
Godin, Amelie von: Ellen Amann. Ein Lebensbild. Kempten 1933
Goepfert, Günter: Das Schicksal der Lena Christ. München 1989
Goll, Claire: Traumtänzerin. Jahre der Jugend. München 1971
Dies.: Ich verzeihe keinem. Eine literarische Chronique scandaleuse unserer Zeit. München (1976)
Green, Martin: Elsa und Frieda, die Richthofen-Schwestern. München 1976
Das große Lexikon des Dritten Reichs. Hg. von Christian Zentner und Friedemann Bedürftig. München 1985

Häntzschel, Hiltrud: »Nur wer feige ist, nimmt die Waffe in die Hand«. München - Zentrum der Frauenfriedensbewegung 1899-1933. In: Krafft, Sybille, Zwischen den Fronten a.a.O., S. 18-40
Dies.: »O Deutschland, o Mutter!« Münchner Schriftstellerinnen im Spannungsfeld von Frieden und Krieg. In: Krafft, Sybille, Zwischen den Fronten a.a.O., S. 123-145
Hardenberg, Henriette: Dichtungen. Hg. von Hartmut Vollmer. Zürich 1988 (Arche-Editionen des Expressionismus, hg. von Paul Raabe)
Hallgarten, Constanze: Als Pazifistin in Deutschland. Biographische Skizze. Stuttgart 1956
Heißerer, Dirk: Wo die Geister wandern. Eine Topographie der Schwabinger Bohème um 1900. München 1993
Hennings, Emmy: Betrunken taumeln alle Litfaßsäulen. Frühe Texte und autobiographische Schriften 1913-1922. Hg. von Bernhard Merkelbach. Hannover 1990
Herz, Rudolf, und Bruns, Brigitte (Hg.): Hof-Atelier Elvira 1887-1928. Ästheten, Emanzen, Aristokraten. Ausstellung des Fotomuseums im Münchner Stadtmuseum 1985/1986. München 1985
Heuberger, Conny: Maria Ward. In: Frauenleben in München a.a.O., S. 55-60
Heuer, Renate: Carry Brachvogel (1864-1942), Schriftstellerin. In: Treml, Manfred, und Weigand, Wolf (Hg.), Geschichte und Kultur der Juden in Bayern a.a.O., S. 211-215
Heymann, Lida Gustava (in Zusammenarbeit mit Dr. jur. Anita Augspurg): Erlebtes - Erschautes. Deutsche Frauen kämpfen für Freiheit, Recht und Frieden. 1850-1940. Hg. von Margrit Twellmann. Meisheim/Glan 1977
Heyse, Paul: Aus dem Leben. Stuttgart und Berlin 1912
Höfl-Hielscher, Elisabeth: Wie die Damen der Gesellschaft dem »Führer« halfen. In: Süddeutsche Zeitung Nr. 295, 22.12.1993
Hohoff, Curt: München. München 1970
Hojer, Gerhard: Die Amalienburg. Rokokojuwel im Nymphenburger Schloßpark. München 1986
Hollweck, Ludwig: München, Liebling der Musen. Wien 1971
Ders.: München in den zwanziger Jahren. Zwischen Tradition und Fortschritt. München 1982
Ders.: Unser München. Ein Lesebuch zur Geschichte der Stadt im 20. Jahrhundert. München 1980

Horváth, Ödön von: Der ewige Spießer. Frankfurt a. M. 1973
Huch, Ricarda: Briefe an die Freunde. Ausgewählt und eingeführt von Marie Baum. Tübingen 1955
Dies.: Erinnerungen an das eigene Leben. Köln 1980
Ricarda Huch 1864-1947. Eine Ausstellung des Deutschen Literaturarchivs im Schiller-Nationalmuseum Marbach am Neckar. Marbach a. N. 1994 (Marbacher Kataloge 47)
Wilhelm und Caroline von Humboldt in ihren Briefen. Bd 3. Hg. von Anna von Sydow. Berlin 1909
Huse, Norbert: Kleine Kunstgeschichte Münchens. München 1990
Jüdisches Leben in München. Lesebuch zur Geschichte des Münchner Alltags. Geschichtswettbewerb 1993/94. Hg. von der Landeshauptstadt München. München 1995
Junginger, Gabriele: Marianne Plehn - Eine Wissenschaftlerin im München der Jahrhundertwende. Die Briefe an Ricarda Huch. In: Frauenleben in München a.a.O., S. 131-140
Klabund: Marietta. Ein Liebesroman aus Schwabing. In: Ders., Gesammelte Gedichte. Lyrik, Balladen, Chansons. Wien 1930, S. 317-322
Klabund in Davos. Texte, Bilder, Dokumente. Zusammengestellt von Paul Raabe. Zürich 1990 (Arche-Editionen des Expressionismus)
Klee, Felix: Paul Klee. Leben und Werk in Dokumenten. Ausgewählt aus den nachgelassenen Aufzeichnungen und den unveröffentlichten Briefen. Zürich 1960
Köhl, Gudrun: Liesl Karlstadt. Unsterbliche Partnerin Karl Valentins. Ein Lebensbild. München 1980
Köhler, Mathilde: Maria Ward. Ein Frauenschicksal des 17. Jahrhunderts. München 1984
Kolb, Annette: Die Schaukel. Roman. Frankfurt a. M.1964
Kolbe, Jürgen: Heller Zauber. Thomas Mann in München 1894-1933. Berlin 1987
Kollwitz, Käthe: Aus meinem Leben. München 1961
Krafft, Sybille: Zwischen den Fronten. Münchner Frauen im Krieg und Frieden 1900-1950. Hg. von der Landeshauptstadt München. München 1995
Kutsch, K. J., und Riemens, Leo: Großes Sängerlexikon. 4 Bde. Bern, Stuttgart 1987-94
Kutscher, Artur: Frank Wedekind. Sein Leben und seine Werke. 1. Bd. München 1922
Lamm, Hans (Hg.), Vergangene Tage. Jüdische Kultur in München. München 1982

Lenin in München. Dokumentation und Bericht von Friedrich Hitzer. Hg. von der Bayerischen Gesellschaft. zur Förderung der Beziehungen zwischen der BRDeutschland und der Sowjetunion e. V. München, Frankfurt a. M. 1977
Mechtilde Lichnowsky 1879-1958. Bearb. von Wilhelm Hemecker. Marbach a. N. 1993 (Marbacher Magazin 64)
Lieb, Norbert: München. Die Geschichte seiner Kunst. München 1971
»Lieber Freund, ich komme weit her schon an diesem frühen Morgen«. Caroline Schlegel-Schelling in ihren Briefen. Hg. und eingeleitet von Sigrid Damm. Darmstadt und Neuwied 1980
Die Literatur im 20. Jahrhundert. Ausgewählt und eingeleitet von Karl Pörnbacher. München 1981 (Bayerische Bibliothek. Texte aus 12 Jahrhunderten. Bd 5)
Marc, Franz: Briefe, Schriften und Aufzeichnungen. Hg. von Günter Meißner. Leipzig, Weimar 1989
Mann, Katia: Meine ungeschriebenen Memoiren. Hg. von Elisabeth Plessen und Michael Mann. Frankfurt a. M. 1974
Klaus und Erika Mann. Bilder und Dokumente. Katalogbuch zur Ausstellung des Erika und Klaus Mann-Archivs der Handschriften-Abteilung der Münchner Stadtbibliotheken am Gasteig. München 1990
Mann, Thomas: Doktor Faustus. Das Leben des deutschen Tonsetzers Adrian Leverkühn erzählt von einem Freunde. Frankfurt a. M. 1990
Ders.: Gladius Dei. In: Gesammelte Werke, Bd 8. Hg. von Hans Bürgin und Peter de Mendelssohn. Frankfurt a. M. 1990
München. Dichter sehen eine Stadt. Texte und Bilder aus vier Jahrhunderten. Hg. von Hans-Rüdiger Schwab. Stuttgart 1990
München. Ein Lesebuch. Hg. von Reinhard Bauer und Ernst Piper. Frankfurt a. M. 1986
München. Ein literarischer Begleiter auf den Wegen durch die Stadt. Hg. von Albert von Schirnding. München 1988 (dtv Reise Textbücher)
München - »Hauptstadt der Bewegung«. Katalog zur Ausstellung im Münchner Stadtmuseum. München 1993
München - Stadt der Frauen. Kampf für Frieden und Gleichberechtigung 1800-1945. Hg. von Eva Maria Volland und Reinhard Bauer. München 1991
Die Münchner Moderne. Die literarische Szene in der »Kunststadt« um die Jahrhundertwende. Hg. von Walter Schmitz. Stuttgart 1990

Gabriele Münter 1877-1962. Retrospektive. Hg. von Annegret Hoberg und Helmut Friedel. München 1992
Nagler, Sibylle: Die andere Katja Mann. Blaustrümpfige Prinzessin. In: Münchner Stadtanzeiger Nr. 16, 20.4.1995
Nagler-Springmann, Sibylle: Technik aus Leidenschaft. In: Frauenleben in München a.a.O., S. 241-243
Naumann, Ursula: Eine Prosa, die Rilke die Tränen in die Augen trieb. (Unverdient vergessene Schriftsteller 1: Regina Ullmann) In: Handelsblatt Nr. 33, 10./11.2.1994
Niklas, Claudia: Nur Lückenbüßer. Maria Marc und Franz Marc im Lenbachhaus München. In: Süddeutsche Zeitung Nr. 282, 7.12.1995
Nöhbauer, Hans F.: München. Eine Geschichte der Stadt und ihrer Bürger. Bd 1. 1158-1854. 2. überarbeitete Aufl. München 1989; Bd 2. Von 1854 bis zur Gegenwart. München 1992
Panzer, Marita A.: »Zwischen Küche und Katheder«. Bürgerliche Frauen um die Jahrhundertwende 1890-1914. In: Frauenleben in Bayern a.a.O., S. 86-118
Petzet, Wolfgang: Theater. Die Münchner Kammerspiele 1911-1972. München 1973
Pfeiffer-Belli, Erich: Gabriele Münter. Zeichnungen und Aquarelle. Berlin 1979
Pilgrim, Volker: »Du kannst mich ruhig ›Frau Hitler‹ nennen«. Frauen als Schmuck und Tarnung der NS-Herrschaft. Hamburg 1994
Prinz, Friedrich, und Krauss, Marita (Hg.): München - Musenstadt mit Hinterhöfen. Die Prinzregentenzeit 1886-1912. München 1988
Putschögl, Monika: Hexenjagd in München. In: DIE ZEIT Nr. 30, 22.7.1994
Raff, Helene: Blätter vom Lebensbaum. München 1938
Rauh, Reinhold: Lola Montez. Die königliche Mätresse. München 1992
Ders., und Seymour, Bruce: Ludwig I. und Lola Montez. Der Briefwechsel. München 1995
Reiser, Rudolf: Alte Häuser - Große Namen. 2. überarbeitete Aufl. München 1988
Reuther, Ingrid: Herzogin Kunigunde von Bayern (1465-1520). In: Frauenleben in München a.a.O., S. 49-54
Reventlow, Franziska Gräfin zu: Tagebücher 1895-1910. Hg. von Else Reventlow. Hamburg, Zürich 1992
Rilke, Rainer Maria: Werke in drei Bänden. Frankfurt a. M. 1966
Ringelnatz, Joachim: Briefe. Hg. von Walter Pape. Berlin 1988
Schaefer, Oda: Auch wenn Du träumst, gehen die Uhren. Lebenserinnerungen. München 1970

Schattenhofer, Michael: Von Kirchen, Kurfürsten & Kaffeesiedern etcetera. Aus Münchens Vergangenheit. München 1974
Scholl, Hans, und Scholl, Sophie: Briefe und Aufzeichnungen. Hg. von Inge Jens. Frankfurt a. M. 1984
Schramm, Wilhelm von: Die Bücherkiste. Das literarische München 1919-1924. München, Wien 1979
Schwabing. Ein Lesebuch. Hg. und mit einer Einführung von Oda Schaefer. München 1972
Seidel, Ina: Drei Städte meiner Jugend. Stuttgart 1950
Dies.: Lebensbericht 1885-1923. 2. Aufl. Stuttgart 1971
Solleder, Friedhelm: München im Mittelalter. Aalen 1962 (Nachdruck der Ausgabe von 1938)
Sommer, Karin: »Zwischen Aufbruch und Anpassung«. Frauen in der Weimarer Republik 1918-1933. In: Frauenleben in Bayern a.a.O., S. 171-233
Sperr, Martin: Adele Spitzeder. Theaterstück. Frankfurt a. M. 1977
Spies, Gerty: Erinnerungen an Elsa Bernstein. In: Lamm, Hans (Hg.), Vergangene Tage a.a.O., S. 359-361
Spitzeder, Adele: Geschichte meines Lebens. Stuttgart 1879
Stahleder, Helmuth: Haus- und Straßennamen der Münchner Altstadt. München 1992
Stölzl, Christoph (Hg.): Die Zwanziger Jahre in München. Katalog zur Ausstellung im Münchner Stadtmuseum Mai bis September 1979. München 1979
Theisen, Hedwig: Julie Kerschensteiner. In: Frauenleben in München a.a.O., S. 65-67
Treml, Manfred, und Weigand, Wolf (Hg.): Geschichte und Kultur der Juden in Bayern. Lebensläufe. München, New York, London, Paris 1988 (Veröffentlichungen zur Bayerischen Geschichte und Kultur 18/88)
Ullmann, Regina: Münchner Jahre. In: Als das Jahrhundert noch jung war. Hg. von Josef Halperin. Zürich 1961, S. 49-56
Valentin, Bertl: »Du bleibst da, und zwar sofort!« Mein Vater Karl Valentin. 2. Aufl. München 1972
Der Verleger Heinrich F. S. Bachmair 1889-1960. Expressionismus, Revolution und Literaturbetrieb. Ausstellung der Akademie der Künste 1989. Berlin 1989 (Akademie-Katalog 154)
Vollmer, Hartmut (Hg.): »In roten Schuhen tanzt die Sonne sich zu Tod«. Lyrik expressionistischer Dichterinnen. Zürich 1993 (Arche-Editionen des Expressionismus, hg. von Paul Raabe)
Von der Aufklärung zur Romantik. Geistige Strömungen in München. Ausstellung und Katalog: Sigrid von Moisy. Regensburg 1984 (Bayerische Staatsbibliothek. Ausstellungskataloge. 29)
Wedekind, Frank: Die Tagebücher. Ein erotisches Leben. Hg. von Gerhard Hay. Frankfurt a. M. 1986
Wedekind, Tilly: Lulu. Die Rolle meines Lebens. München, Bern, Wien 1969
Wesendonck, Franz von: Wenn die Krebse auf den Bergen pfeifen. Briefe der Frau Elsa an den Soldaten Franz. 2. Aufl. Mittenwald 1977
Weyerer, Benedikt: München 1919-1933. Stadtrundgänge zur politischen Geschichte. Hg. von der Landeshauptstadt München. München 1993
Ders.: München zu Fuß. 20 Stadtrundgänge durch Geschichte und Gegenwart. Hamburg 1988
Wiedenmann, Ursula: Elsa Porges-Bernstein (1866-1949), Schriftstellerin. In: Treml, Manfred, und Weigand, Wolf (Hg.), Geschichte und Kultur der Juden in Bayern a.a.O., S. 217-224
Wilhelm, Hermann: Die Münchner Bohème. Von der Jahrhundertwende bis zum Ersten Weltkrieg. München 1993
Will, Margaret Thomas: Als Kunststudentin in München 1850-1852. In: Frauenleben in München a.a.O., S. 204-210
Zweite, Armin (Hg.): Kandinsky und München. Begegnungen und Wandlungen 1896-1914. Katalog der Ausstellung der Städtischen Galerie im Lenbachhaus. München 1982

Bildnachweis

Archiv der sozialen Demokratie der Friedrich-Ebert-Stiftung, Bonn S.69 oben – Archiv für Kunst und Geschichte, Berlin S. 47 – Aus: Arens, Hanns (Hg.): Die schöne Münchnerin. München: Verlag Kurt Desch 1969 S. 64 – Aus: Bauer, Richard: Das alte München. Photographien 1855-1912. Ges. von Karl Valentin. München: Schirmer-Mosel 1982 S.23 – Aus: Ders.: Maxvorstadt zwischen Münchens Altstadt und Schwabing. Das Stadtteilbuch. München: Bavarica-Verlag 1995 S. 16 – Bayerische Staatsbibliothek, München S. 161 – Bayerische Staatsgemäldesammlungen, München S. 55, 155 – Bayerische Verwaltung der Staatlichen Schlösser, Gärten und Seen, München S. 13, 19 oben re., 63 – Aus: Bekh, Wolfgang Johannes: Die Münchner Maler. Von Jan Pollak bis Franz Marc. Pfaffenhofen/Ilm: Verlag W. Ludwig 1978 S. 7 – Bildarchiv Bruckmann, München S. 14 oben u. unten, 15, 26/27 – Bildarchiv Preußischer Kulturbesitz, Berlin S. 28 oben, 135, 141 – Aus: Braun-Artaria, Rosalia: Von berühmten Zeitgenossen. Erinnerungen einer Siebzigerin. München 1918 S. 152 – Aus: Bruckmanns Lexikon der Münchner Kunst. Münchner Maler im 19. Jahrhundert. Bd. 3. München: Bruckmann 1982 S. 85 – Aus: Bußmann, Hadumod (Hg.): Stieftöchter der Alma Mater? 90 Jahre Frauenstudium in Bayern – am Beispiel der Universität München. Katalog zur Ausstellung. München: Verlag Antje Kunstmann 1993 S. 94, 95, 96, 113, 133 unten – Aus: Chiappe, Jean-François (Hg.): Die berühmten Frauen der Welt von A-Z. Paris: Somogy o.J. S.59 – Dt. Literaturarchiv, Marbach a.N. S. 77, 83, 134, 138 (Helga Fietz), 149 – Deutsches Theatermuseum, München S. 48, 66, 156 – Englische Fräulein, München S.21 – Fondazione Marianne Werefkin, Ascona S. 140 – Frauenleben in München. Geschichtswettbewerb 1992. München: Buchendorfer Verlag 1993 S. 72 oben links (Arbeitskreis »Frauenleben in Bayern«), 72 oben rechts (Elisabeth Aslan), 127 (Hedwig Theisen) – Freies Deutsches Hochstift, Frankfurter Goethemuseum, Frankfurt a.M. S. 29 – Gabriele Münter- und Johannes Eichner-Stiftung, München S. 129, 131, 154 – Aus: Giehse, Therese: »Ich hab nichts aus Sagen«. Gespräche mit Monika Sperr. München, Gütersloh, Wien: C. Bertelsmann Verlag 1973 S.49 (Hildegard Steinmetz) – Aus: Goepfert, Günter: Das Schicksal der Lena Christ. München: Süddeutscher Verlag 1989 S. 10 (Lena Dietz) – Aus: Götz, N., und Schack-Simitzis, C. (Hg.): Die Prinzregentenzeit. (Ausstellungskatalog.) München: 1988 S. 41 – Aus: Green, Martin: The von Richthofen Sisters: The Triumphant and the Tragic Modes of Love. 2nd edition. Albuquerque: University of New Mexico Press 1988 S. 126 – Güse, Ernst-Gerhard (Hg.): August Macke. Gemälde, Aquarelle, Zeichnungen. München: Bruckmann 1986 S. 118 – Aus: Hardenberg, Henriette: Dichtungen. Hg. von Hartmut Vollmer. Zürich: Arche 1988 S. 125 – Aus: Herz, Rudolf, und Bruns, Brigitte (Hg.): Hof-Atelier Elvira 1887-1928. Ästheten, Emanzen, Aristokraten. Ausstellung des Fotomuseums im Münchner Stadtmuseum 1985/1986. München 1985 S. 2 (Marga Menschick, Gräfelfing b. München), 68, 69 unten, 86 (Gabriele Braun-Schwarzenstein, Frankfurt a. M.), 132 oben (Ernst Pfeiffer, Göttingen), 151 – Aus: Hugo Ball Almanach 1984. Emmy Ball-Hennings zum 100. Geburtstag. Hg. von der Stadt Pirmasens, bearbeitet von Ernst Teubner S.135 oben – Aus: Keiser-Hayne, Helga: Beteiligt euch, es geht um eure Erde. Erika Mann und ihr politisches Kabarett die »Pfeffermühle« 1933-1937. München: edition spangenberg 1990 S.50/51, 52 – Kester-Archiv, München (Heribert Sturm. Historische Bilder) S. 75, 82, 135 unten, 145 – Kestner Museum, Hannover S. 39 – Aus: Köhl, Gudrun: Liesl Karlstadt. Unsterbliche Partnerin Karl Valentins. München: Verlag Wilhelm Unverhau 1980 S. 33 – Aus: Krafft, Sybille: Zwischen den Fronten. Münchner Frauen in Krieg und Frieden 1900-1950. München: Buchendorfer Verlag 1995 S. 103 – Aus: Lieb, Norbert: München. Die Geschichte seiner Kunst. München: Callwey 1971 S.12, 18/19 – Monacensia-Sammlung, München. S. 58, 62, 101 – Museum Villa Stuck, Nachlaß Franz von Stuck S. 109, 110 (Adolf Baumann) – Nordiska museet, Strindbergarchiv, Stockholm S. 121 oben – Paul-Klee-Stiftung, Kunstmuseum Bern/Fotoarchiv Felix Klee, Bern (F31, N43) S. 133 oben – Aus: Raff, Helene: Blätter vom Lebensbaum. München 1938 S. 102 – Aus: Schnack, Ingeborg: Rilkes Leben und Werk im Bild. Wiesbaden: Insel Verlag 1956 S. 136 – Aus: Serke, Jürgen: Die verbrannten Dichter. Weinheim und Basel: Beltz & Gelberg 1977 S.81, 132 unten – Aus: Spengler, Karl: Münchner Lesebuch. Hg. von Fritz Fenzl. München: Bruckmann 1986 S.43 – Stadtarchiv München Vorderer Vorsatz. S. 31, 32, 36, 45, 53, 57, 60, 61, 71, 73 oben u. unten, 80, 88, 89 oben u. unten, 91, 92/93, 97, 120, 144, 147 oben u. unten, 153, 160, 162, hinterer Vorsatz – Stadtbibliothek München, Handschriftenabteilung. S. 28 unten, 78, 104, 106 – Stadtmuseum München S. 38, 56, 87, 111 – Städtische Galerie im Lenbachhaus, München S. 130 – Süddeutscher Verlag, Bilderdienst, München S. 114, 137 – Thomas-Mann-Archiv der ETH Zürich S. 105, 123 oben u. unten – Aus: Uexküll, Gösta von: Ferdinand Lassalle. Reinbek b. Hamburg: Rowohlt Taschenbuch Verlag 1974 S. 99 – Valentin-Musäum, München S. 35 – Aus: Vinke, Hermann: Das kurze Leben der Sophie Scholl. Ravensburg: Otto Maier 1980 S.116/117 (© Inge Aicher-Scholl) – Aus: Weissmann, Maria Luise: Gesammelte Dichtungen. 1932 S. 124 – Aus: Wilhelm, Hermann: Die Münchner Bohème. Von der Jahrhundertwende bis zum Ersten Weltkrieg. München: Buchendorfer Verlag 1993 S. 121 unten, 157, 159 Wir danken allen Rechteinhabern. In einigen Fällen ist es nicht gelungen, die heutigen Rechteinhaber zu ermitteln. Wir bitten diese, sich mit dem Verlag in Verbindung zu setzen.

Danksagung

Unser Dank gilt York-Gothart Mix für seine Anregungen, Frank Dietz für sein Interesse und seine Geduld, Elisabeth Raabe für ihre verlegerische Unterstützung und all denen, die an unserer Arbeit Anteil genommen haben.

Biographische Notiz

Katharina Festner, geb. 1959 in Straubing. Studium der Germanistik, Theaterwissenschaft, Italienischen Philologie und Aufbaustudium Buchwissenschaften in München. Magister. Lebt als Lektorin in München. Journalistische Arbeiten zu aktuellen kulturellen Themen.

Christiane Raabe, geb. 1962 in Ludwigsburg. Studium der Malerei, Geschichte, Philosophie und Pädagogik in Braunschweig. Wiss. Assistentin an der FU Berlin. 1994 Promotion in Mediävistik. Lebt seither als Lektorin in München. Verschiedene wissenschaftliche Arbeiten zur Geistesgeschichte des Mittelalters. Eigene Ausstellungen.

Personenregister

Halbfette Ziffern verweisen auf Seiten, auf denen Frauen an ihren Wohn- oder Wirkstätten beschrieben werden. *Kursive Ziffern* verweisen auf Abbildungen.

Adelheid aus Rottal   25
Adenauer, Konrad   108
Albert-Lasard, Lou   132
Albrecht III., Herzog   39
Albrecht IV., Herzog von Bayern   56f.
Amann, Ellen   **69f.**
Anbacher, Anna   38
Andreas-Salomé, Lou   86, 132, *132*
Arndt, Friedrich s. Omar al Raschid Bey
Augspurg, Anita   **67ff.**, *68*, **85f.**, *86*, 90, 93, 102, *103*, 104, 143

Baader, Franz von   40
Bach, Johann Sebastian   43
Bachmair, Heinrich F.S.   124
Baer, Gertrud   **68**, *103*, 143
Ball, Hugo   136
Barelli, Agostino   12
Bartel, Frau von   101
Bäumer, Gertrud   88, 138
Becher, Johannes R.   150
Bechstein, Helene   148
Becker, Anatol   81
Bendix, Alice   73
Benedix, Peter   9, 11
Benham, Jane   42
Benningsen, Lilian   59
Bergner, Elisabeth   48, 72
Berliner, Hanna   73
Bernauer, Agnes   39
Bernstein, Max   144ff.
Binder, Sibylle   48
Bjoner, Ingrid   59
Blei, Franz   107
Böhlau, Helene   86, **137**, *137*, 151
Bordoni, Faustina   67
Bosetti, Hermine   58
Bossi, Erma   65, *154*, 155
Botzaris, Katharina   14, *14*
Brachvogel, Carry   13, 70, 72, 73, 152
Brandmeier, Anna Maria   109
Braun-Artaria, Rosalia   **152f.**, *152*
Braunmühl, Clementine von   153
Brecht, Bert   33, 50
Brentano, Bettina   **28f.**, 29
Brentano, Clemens   40
Brentano, Lujo   114
Brentano, Meline s. Guaita, Meline von

Bruckmann, Elsa Prinzessin von Cantacuzène   **147f.**, *147*
Bruckmann, Hugo   147, *147*
Brückner, Renate   73
Büchner, Georg   48
Bülow, Hans von   57
Burckhardt, Jacob   14

Campendonk, Ada   155
Capet, Marie Gabrielle   156
Carossa, Hans   158
Caspar-Filser, Maria   89
Cauer, Minna   90, 151
Ceconi, Ermanno   83, 83f., 144
Charlotte Auguste, Prinzessin von Bayern   60
Christ, Lena   **9ff.**, *10*
Churchill, Winston   160
Clara, Prinzessin von Bayern   11
Cornelius, Peter   40
Croissant-Rust, Anna   93
Curtius, Ludwig   32
Cuvilliés, François   60, 65

Dandler, Anna   93
Danvin, Sophie   107
Delvard, Marya   *157*, **158**
Derleth, Anna Maria   **26ff.**, 28, 136
Derleth, Christine   28
Derleth, Ludwig   26, 28, 136
Déry, Juliana   **143**
Diesel, Eugen   99
Diesel, Rudolf   99
Dohm, Hedwig   90, 105
Dönniges, Helene von   **99**, *99*
Dreesbach, Martha   100
Duncan, Isadora   109f.
Durst, Franz Xaver   30

Eisner, Kurt   67
Ellenrieder, Maria   41
Emmerich, Katharina   40
Endell, August   88
Erdmann, Rhoda   95f., 96
Erdmann-Macke, Elisabeth   140
Ernst, Herzog von Bayern   39

Falckenberg, Otto   48, 156
Faßbaender, Brigitte   59
Faßbender, Zdenka   58, 58
Fehling, Emanuel   78
Fellner, Martin   25
Ferdinand Maria, Kurfürst von Bayern   62, 64
Feuchtwanger, Lion   33
Feuerbach, Anselm   152
Fichtmüller, Hedwig   58f.
Fleißer, Marieluise   33, 50

170

Ford, Henry 101
Forster, Georg 59
Franck, Maria s. Marc, Maria
Frank, Bruno 33
Freud, Sigmund 132
Freudenberg, Ika 86, 95, 133, 138, **150ff.**, *151*
Fugger, Maria Anna Katharina Gräfin 65
Furtwängler, Hubert 116
Fussenegger, Gertrud 89

Ganghofer, Ludwig 138
George, Stefan 30, 79, 138
Giehse, Therese **48ff.**, *48, 49, 50/51*
Godin, Amelie von 69
Goethe, Johann Wolfgang von 29, 42
Goll, Claire 125ff., *132*
Goll, Ivan 131
Goltz, Hans 65
Goudstikker, Sophia **85ff.**, *86, 87,* 93, 151
Graf, Oskar Maria 119f.
Graf, Willi 116
Grahn-Young, Lucile **162**, *162*
Grimm, Ludwig Ernst 29
Groß, Otto 126, 136
Guaita, Meline von 28

Hacker, Maria Theresia 37
Haecker, Theodor 116
Hagen, Hertha von 100
Hagn, Charlotte von 14
Hallgarten, Constanze 101, **102ff.**, *103*, 143, 148
Hallgarten, Robert 102
Hamilton, Alice 113, *113*
Hamilton, Edith 113, *113*
Hanfstaengl, Erna 101, *101*
Hardenberg, Henriette 125f., *125*
Harding Peto, Ralph 150
Hartmann, Adele 95, *95*, 114
Hartnagel, Fritz 115
Haskil, Clara 107
Haushofer-Merk, Magda 152
Hebbel, Friedrich 13, 39
Hecht, Franz 72
Hecht, Helene 72, 74
Heideck, Karl von, General 17
Hennings, Emmy 119f., 124, **135f.**, *135*, 143
Henriette Adelaide von Savoyen, Kurfürstin von Bayern 12, 60, **62ff.**, *63, 66*
Henry, Marc 158
Herterich, Ludwig 42
Hesse, Hermann 108
Hessel, Franz 77, 79
Heymann, Lida Gustava **67ff.**, *68, 86, 102, 103, 104, 143*
Heyse, Paul 102

Hildebrand, Adolf von 99f., 102, 107
Hitler, Adolf 50, 69, 89, 101, 148, 160
Hoesch-Ernst, Lucie 143
Holbein, Hans 37
Höller, Karl 72
Horváth, Ödön von 159
Horwitz, Mirjam 48, 72
Howitt, Anna Mary 42
Huber, Kurt 116f.
Huch, Marietta 83, 84
Huch, Ricarda 6, **81ff.**, *82, 83,* 90, 100, 133, 144, 152
Huch, Richard 83f.
Humboldt, Alexander von 94
Humboldt, Wilhelm von 28

Ibsen, Henrik 47, 50, 102, 145
Ibsen, Suzannah **47**, *47*
Ickstatt, Franziska Freiin von 42
Ingenheim, Sophie von 66
Irber, Mary 159, *159*
Ivogün, Maria 58

Jacobi, Friedrich Heinrich 29
Jacobi, Hedwig 73
Jaffé, Edgar 126
Jaffé, Else **126**, *126*
Jawlensky, Alexej 65, 128, 139f., 154
Jerusalem, Peter s. Benedix, Peter
Jörg Abriel von Schongau 38

Kämpfer, Hedwig 68
Kandinsky, Wassilij 65, 128ff., *154*
Kardorff, Ursula von 108
Karl Albrecht, Kurfürst von Bayern 17, 65ff.
Karlstadt, Liesl **33ff.**, *33, 35,* 100
Karoline von Baden, Kurfürstin, später Königin von Bayern 17
Kästner, Erich 108
Kauffmann, Angelica 155, 156
Kaula, Nanette **64f.**, *64*
Kaulbach, Wilhelm von 42
Kazmair, Jörg 25
Keil, Nannette 61
Kempf, Rosa **67, 69**
Kerschensteiner, Georg 127
Kerschensteiner, Julie **127f.**, *127*
Kesten, Hermann 108
Kiesselbach, Luise 67, 152
Kirdorf, Emil 148
Klabund 80, 120f.
Klages, Ludwig 79
Klee, Lily **132f.**, *133*
Klee, Paul 132f., *133*
Kleinmichel, Julius 161
Kleinmichel, Selma **161f.**

Klenze, Leo von 57, 61
Kobell, Luise von 15
Kobus, Kathi 119ff., 120
Kolb, Annette 36, 100, 106, 107f., 110, 150, 152
Kolb, Max 107
Kollwitz, Käthe 42, 65
Koppen, Irene 100
Körner, Hermine 48
Korschelt, Mimi 124, 126
Köth, Erika 59
Kraus, Karl 50
Kronheimer-Sinz, Lola 72, 74
Krupskaja, Nadeshda Konstantinowa 135, 135
Kunigunde, Herzogin von Bayern 37, 56f.
Kupper, Annelies 59
Kurz, Isolde 100, 134, 134

Lamit, Anna 37
Lampert, Aloysia 61
Landauer, Gustav 103
Lange, Helene 90, 151
Langen, Johann Peter von 41
Lasker-Schüler, Else 6, 155
Lassalle, Ferdinand 99
Lasso, Orlando di 25
Lautensack, Heinrich 158
Lawrence, D. H. 126
Léger, Ferdinand 132
Leiningen-Westerburg, Josephine Gräfin zu 15
Leix, Anton 10f.
Lenbach, Franz von 30, 58, 84f., 152, 154
Lenin, Wladimir Iljitsch 135
Lessing, Theodor 121
Levi, Hermann 57
Lichnowsky, Karl Max 150
Lichnowsky, Mechtilde von 148ff., 149
Ligsalz, Karline 25
Linder, Emilie 39ff., 39
Lindpaintner, Mary s. Stuck, Mary von
Liszt, Franz 36, 107
Loder, Clara 56
Loyola, Ignatius von 22
Lübke, Walter 78f.
Ludendorff, Erich General 147f.
Ludwig der Strenge, Herzog von Bayern 54, 55
Ludwig Ferdinand Maria de la Paz, Prinzessin von Bayern 11, 104
Ludwig I., König von Bayern 12ff., 25, 60, 65, 113
Ludwig II., König von Bayern 57, 136, 139
Ludwig III., König von Bayern 85, 95
Ludwig, Paula 124f.
Luiko, Maria 72, 73
Luther, Martin 37
Luxemburg, Rosa 135

Macke, August 131
Mann, Carla 123
Mann, Erika 51ff., 52
Mann, Heinrich 104, 123, 143
Mann, Julia 123, 123
Mann, Julia, Tochter von Julia Mann 123
Mann, Katia 51, 104f., 105
Mann, Klaus 52
Mann, Thomas 4, 50f., 81, 104, 107f., 123, 136, 139
Marc, Franz 65, 118, 118, 131, 140
Marc, Maria 118, 118
Maria Anna, Kurfürstin von Bayern 39
Maria de la Paz s. Ludwig Ferdinand Maria de la Paz
Maria del Pilar, Prinzessin von Bayern 11
Maria Leopoldine, Kurfürstin von Bayern 61
Maria Theresia, Königin von Bayern 85
Maria von Brabant, Herzogin von Bayern 54, 55
Marie Amalie von Österreich, Kurfürstin von Bayern 17, 18, 19
Marietta di Monaco 119f.
Marschütz, Lilly 72, 74
Max Emanuel II., Kurfürst von Bayern 12, 63, 66
Max I. Joseph, König von Bayern 57
Maximilian I., Kurfürst von Bayern 22, 25, 38
Menter, Sophie 36, 36
Meysenbug, Malwida von 153
Mezzani, Magdalena 25
Mitford, Lady Diana 148
Mitford, Lady Unity Valkyrie 148, 160f., 161
Modersohn-Becker, Paula 115
Monaco, Marietta di s. Marietta di Monaco
Montez, Lola 5, 15ff., 15
Morena, Berta 57, 58
Mosley, Oswald 148
Mottl, Felix 58, 99
Mozart, Maria Anna 30
Mozart, Wolfgang Amadeus 30, 58
Mühlberger, Anna 122
Mühsam, Erich 68, 121, 143
Müller, Karl Alexander von 102
Muncker, Franz 114
Münter, Gabriele 5, 65, 128ff., 129, 130, 132, 140, 154f.
Muth, Carl 116

Neher, Carola 80f., 81
Ney, Elisabeth 136, 139
Nietzsche, Friedrich 153

Omar al Raschid Bey 137
Overbeck, Friedrich 40

Parvus 135
Paul V., Papst 20
Paz, Maria de la s. Ludwig Ferdinand Maria de la Paz
Pfitzner, Hans 58, 100, 104
Pfitzner, Mimi 104
Pfülf, Toni **68**, *69*, 70
Pichler, Magdalena 9
Pilar, Maria s. Maria del Pilar
Piper, Reinhard 158
Plehn, Marianne 95, **133**, *133*
Porges, Elsa s. Porges-Bernstein
Porges, Gabriele 146
Porges, Heinrich 145
Porges-Bernstein, Elsa 70, 73, **144ff.**, *145*
Portia, Fürstin s. Topor-Morawitzky, Maria
Pringsheim, Katia s. Mann, Katia
Pritzel, Lotte **77**, *77*
Probst, Christoph *116/117*
Pschorr, Joseph 37
Pütrich, Patriziergeschlecht 56

Raconitz, Janko von 99
Raff, Helene 42, **101f.**, *102*
Ramlo, Marie 93
Ranczak, Hildegarde 59
Rehborn, Anni 148
Reisinger, Ernst 128
Reitmor, Anna 25f.
Renata von Lothringen, Herzogin von Bayern 25
Reuter, Gabriele 93, 151
Reventlow, Franziska Gräfin zu 32, **77ff.**, *78*, 100, 113, 121, **135**, 138, 143
Reventlow, Rolf von 79
Richthofen, Else von s. Jaffé, Else
Richthofen, Frieda von s. Weekly, Frieda
Riemerschmid, Richard 47f.
Rilke, Rainer Maria 77, 107, 131f., *132*, 136, 143, 150f.
Ringelnatz 77, 119f., 161f.
Roland, Ida 48
Röntgen, Wilhelm 100
Rosenfeld, Else 72
Rupprecht, Tini **84**

Sauerbruch, Ferdinand 101
Schäfer, Oda 70
Schaumann, Ruth 80, *80*, 126
Schech, Marianne 59
Schelling, Friedrich Wilhelm Joseph 27, 59
Schickele, René 108
Schlegel, August Wilhelm 59
Schlegel-Schelling, Caroline 5, 13, 28f., 59, 59
Schlotthauer, Joseph 39
Schmorell, Alexander 116

Schnür, Maria **118**
Scholl, Hans 113, 115ff., *116/117*, 133, 146
Scholl, Sophie 5, 113, **115ff.**, *116/117*, 134, 146
Schönwein, Ferdinand 43
Schönwein, Margaretha Maximiliana 43
Schuler, Alfred 79, 147
Schuster, Johann Nepomuk 61
Schwarzkopf, Elisabeth 58
Schwarzmann, Rosina 67
Schwerzin, Bärbel 37
Schwerzin, Else 37, 39
Schwerzin, Katharina 37
Scudéry, Madame de 60
Sedlmayr, Helene 14, *14*
Seidel, Heinrich Wolfgang 138
Seidel, Ina 81, 89, 127, 134, **137ff.**, *138*
Seidl, Gabriel 30
Seidler, Louise 41f.
Selenka, Margarethe Lenore 102, 143
Simon, Annette 118
Skeat, Gertrud 113
Spengler, Oswald 147
Sperr, Martin 53f.
Spies, Gerty 73, 73
Spitzeder, Adele **53f.**, *53*
Steinrück, Albert 48
Stieler, Joseph 12, 14f.
Stoecklin, Franziska 125
Strauss, Franz Joseph 37
Strauss, Josephine 37
Strauss, Richard 37, 58, 100, 138
Streich, Rita 58
Strindberg, August 121, 143
Stuck, Franz von 30, 109, *110*, 138
Stuck, Mary von 30, 109, *110*
Stuck, Mary von (Tochter von Mary und Franz von Stuck) 148
Studer, Claire s. Goll, Claire
Stumpf, Lily s. Klee, Lily
Such s. Suchocki, Bogdan von
Suchocki, Bogdan von 77, 79

Tambosi, Luigi 61
Ter Meer, Ilse 94f.
Thannhauser, Justin K. 65
Therese von Bayern, Prinzessin 94, *94*
Thoma, Ludwig 102
Thoresen, Suzannah s. Ibsen, Suzannah
Tieck, Ludwig 29
Topor-Morawitzky, Maria Josepha Hyacintha Freiin 65
Trotzki, Leo 135
Tschimiak, Anna 128
Tucholsky, Kurt 108
Twardowski, Ilse von 70, 72, 73

Uhl, Frida 121, *121*
Ullmann, Regina 27, **136**, *136*
Urban VIII., Papst 20

Valentin, Bertl 35
Valentin, Gisela 35
Valentin, Karl 33ff., *35*
Varnay, Astrid 59
Vogl, Therese 58

Wagner, Cosima 100, 148
Wagner, Richard 57f., 107
Walden, Herwarth 131
Walter, Bruno 58
Ward, Maria 5, 20ff., *21*
Weber, Alfred 126
Weber, Carl Maria von 58
Weber, Marianne 126
Weber, Max 126
Wedekind, Frank 91, *91*, 119, 121f., 158
Wedekind, Kadidja 91
Wedekind, Pamela 91
Wedekind, Tilly **91**, *91*
Weekly, Frieda 126, *126*
Weissmann, Maria Luise 124, *124*
Wellano, Elisabeth s. Karlstadt, Liesl
Werefkin, Marianne 65, 128, **139**f., *140*, 155
Wesendonck, Franz 146
Wilder, Thornton 50
Wilhelm II., Kaiser 85
Wilhelm V., Herzog von Bayern 25
Willert, Katharina 25
Winter, Peter von 29
Wittels-Stury, Toni 48, 50
Wolf, Friedrich 50
Wolfskehl, Karl 30, 79, 136, 158
Wolzogen, Ernst von 151
Wright, Ursula 20
Wuesthoff, Freda 100

Zanchi, Antonio 12
Zeps Zuckerkandl, Bertha 108
Ziegler, Clara 60, **60**f. 138

Literarisch reisen . . .

Noël Riley Fitch
Die literarischen Cafés von Paris
Aus dem Amerikanischen von Katharina Förs
und Gerlinde Schermer-Rauwolf
91 Seiten. 45 Abbildungen. 5 Karten. Broschur

Anna Gruber / Bettina Schäfer
Spaziergänge über den Père Lachaise in Paris
166 Seiten. 134 Abbildungen. 4 Karten. Broschur

Mary Ellen Jordan Haight
Spaziergänge durch Gertrude Steins Paris
Aus dem Amerikanischen von Karin Polz
163 Seiten. 115 Abbildungen. 5 Karten. Broschur

Paul Raabe
Spaziergänge durch Goethes Weimar
188 Seiten. 154 Abbildungen. 5 Karten
Broschur. Aktualisierte Neuausgabe

Paul Raabe
Spaziergänge durch Nietzsches Sils-Maria
159 Seiten. 119 Abbildungen. 6 Karten. Broschur

Cornelius Schnauber
Spaziergänge durch das Hollywood der Emigranten
168 Seiten. 120 Abbildungen. 5 Karten. Broschur

Hans Wißkirchen
Spaziergänge durch das Lübeck von
Heinrich und Thomas Mann
Unter Mitarbeit von Klaus v. Sobbe
160 Seiten. 120 Fotos. 5 Karten. Broschur

Heinke Wunderlich
Spaziergänge an der Côte d'Azur der Literaten
192 Seiten. 108 Abbildungen. 9 Karten. Broschur